为政以德

齐鲁文化与中国政治建设

彭耀光 著

齐鲁文化与当代中国丛书

本丛书被评为『山东省理论大众化出版工程重点项目』

山东人民出版社·济南

国家一级出版社 全国百佳图书出版单位

图书在版编目（CIP）数据

为政以德：齐鲁文化与中国政治建设/彭耀光著.--济南：山东人民出版社，2017.12
(齐鲁文化与当代中国丛书)
ISBN 978-7-209-10715-0

Ⅰ.①为… Ⅱ.①彭… Ⅲ.①地方文化-研究-山东②政治建设-研究-中国 Ⅳ.①G127.52②D6

中国版本图书馆CIP数据核字(2017)第142454号

为政以德
——齐鲁文化与中国政治建设
彭耀光 著

主管部门 山东出版传媒股份有限公司
出版发行 山东人民出版社
社　　址 济南市英雄山路165号
邮　　编 250002
电　　话 总编室（0531）82098914
　　　　 市场部（0531）82098027
网　　址 http://www.sd-book.com.cn
印　　装 山东华立印务有限公司
经　　销 新华书店

规　　格 16开（169mm×239mm）
印　　张 13.75
字　　数 160千字
版　　次 2017年12月第1版
印　　次 2017年12月第1次
印　　数 1-1600
ISBN 978-7-209-10715-0
定　　价 30.00元

总序

增强文化自信，弘扬中华优秀传统文化，实现优秀传统文化创造性转化与创新性发展，业已成为时代的最强音。习近平总书记在党的十九大报告中强调："深入挖掘中华优秀传统文化蕴含的思想观念、人文精神、道德规范，结合时代要求继承创新，让中华文化展现出永久魅力和时代风采。"何为"优秀"传统文化？弘扬传统文化的内容是什么？习近平总书记提出的"四个讲清楚"，即"讲清楚每个国家和民族的历史传统、文化积淀、基本国情不同，其发展道路必然有着自己的特色；讲清楚中华文化积淀着中华民族最深沉的精神追求，是中华民族生生不息、发展壮大的丰厚滋养；讲清楚中华优秀传统文化是中华民族的突出优势，是我们最深厚的文化软实力；讲清楚中国特色社会主义植根于中华文化沃土、反映中国人民意愿、适应中国和时代发展进步要求，有着深厚历史渊源和广泛现实基础”，蕴含着丰富的理论内容，其中，就对待传统文化的态度而言，体现为四个原则，即植根历史根脉，挖掘当代价值，培育国际视野，立足人类高度。

植根历史根脉，是正确对待传统文化的基础与前提。中国传统文化中有重史的传统。传说中，仓颉就是黄帝的史官。《吕氏春秋·先识览》载：“夏太史令终古，出其图法，执而泣之。夏桀迷惑，暴乱愈甚，太史令终古乃奔如商。”从甲骨卜辞看，3000 多年前的商朝便有了专门的史官，自秦代以降就有了“左史记事，右史记言”的说法。中国的史传类文字构成了中国文献的主要组成部分，《四库全书》中，经、子、集三部实际上也有大量“史”的内容。中国史书、史料之多，世界上无出其右者。以史为鉴，由史可知兴替。正如葛剑雄在《中国古代为什么有重视历史的传统》一文中所说：“历史在中国所起的作用，一定程度上等同于对神的崇拜和对某种宗教的信仰。”重史传统的形成，与丰富的历史传统直接相关；从另一个层面讲，中国的重史传统，又直接增强了历史传统的丰富度。中华传统文化中的核心理念，如道、中、和、仁等，无一不是从历史的深处走来，是有本之木、有源之水。如讲仁爱，后世把三皇五帝时代的舜视作仁爱的典范；儒家经典《论语》共两万多字，“仁”字便出现了 109 次；孟子讲“亲亲而仁民，仁民而爱物”；宋代的张载更是提出“民胞物与”的主张。这些思想家的仁爱观念，聚合成中华传统文化中讲求爱有等差、以爱家人为基本，由近及远向外辐射到他人乃至天地万物的中国仁爱思想体系。凝魂聚气，强基固本。一个持续生长了几千年的文明，有着健旺的精气神。母性的土地，滋养出独具特色的文化风景。中华传统文化成长于中华民族特有的生存环境之中，源远流长，博大精深，包含着中华民族高超的生存智慧，积淀着中华民族最深沉的精神追求，是中华文明持续健康发展的底气。正如习近平总书记所说："中华文化积淀着中华民族最深沉的精神追求，是中华民族生生不息、发展壮大的丰厚滋养。"

挖掘当代价值，旨在激发传统文化在当代的生命活力。树大根深，枝繁叶茂。中华传统文化涵盖精神信仰、哲学观念、政治制度、社会风俗的各个层次、各个方面，是一棵生机盎然的大树。讲仁爱、重民本、守诚信、崇正义、尚和合、求大同，醇厚的文化基因为中华民族生生不息、发展壮大提供了丰厚的精神滋养，也为培育和践行社会主义核心价值观、建构当代社会主义文化提供了不竭的动力支持。例如，中华传统文化中的仁爱理念，蕴含着深刻的平等观，它内在地承认人与人在生命价值上是平等的，因而才能做到一视同仁。对他人的尊重，深含人道精神。这种理念，既是一种人生态度，也是一种高超的生存智慧。现代社会、国家、个人的发展，必须以"爱人""成己、成人、成物"为前提和目的。"仁爱"可以说是"和谐""公正""敬业""友善"等价值观的源头。仁爱观念能够促进和谐人际关系的建立，有利于家庭和社会秩序的稳定，有利于世界和平的维护，有利于良性生态环境的建构。正是从这个意义上说，"仁爱"与社会主义核心价值观有着千丝万缕的联系，理应成为社会主义核心价值观的题中应有之义。再如，中华传统文化主张“民惟邦本”，并设计了民本的三个层次：爱民育民，关心下层人的疾苦；节制欲望，使民以时；为民谋利、执政为民，“泽加于民”。这为当下的治国理政提供了丰富的借鉴。代有传人，一脉相承。中华传统文化鲜活地存在于当下的生活之中。中华传统文化是中华民族基于独特的生存环境长期发展而成的，蕴含着中华民族的生活习惯、生存智慧、文化理念，积淀着中华民族的精神追求。中华民族的文化基因，生动呈现于当代社会的方方面面。

培育国际视野，推进传统文化全球化，是一个极具时代感的命题。人类发展的历史，就是不断全球化的历史。从封闭走向开放，从隔离走向融通，是人类历史发展的大趋势。安东尼·吉登斯在《现代性的后果》一书中，从世界资本主义经济、民族国家体系、国际劳动分工、世界劳动秩序四个维度阐述了全球化。当今时代，伴随着互联网的快速普及，全球化已成为人们广泛关注的世界性话题。习近平总书记曾说：“只有交流互鉴，人类文明才能充满生机。”交流使互鉴成为可能，互鉴是交流的目的所在。将中华传统文化以国际视野进行考量、辨析，也才能真正将其“讲清楚”。例如，中华传统文化讲“仁爱”，基督教文化讲“博爱”。仁爱即“老吾老以及人之老，幼吾幼以及人之幼”，它由亲情之爱上升到人类之爱，再扩展到万物之爱，由“孝悌”到“爱人”，由“修己”到“安人”，因而平实可行。这就与基督教文化中的“博爱”有所不同：来源不同，一为上帝，一为人的生命，因而前者是权威的要求，后者是真情的流露；目的不同，一为个人的得救，一为推己及人，传递个人的感受。以“博爱”来观照“仁爱”，中华传统文化重亲情的人间性表现得格外鲜明。再如，同样是讲守信，以西方人的“契约”来审视中国人的“诚信”，便能看出诸多的不同。契约式的守信，是外在规则约束下的守信，是通过外在强制性规范对不守信的人加以惩罚来实现的。与之不同，中华传统文化中的“诚信”，源于内在道德性的要求，是君子之则。这种诚信，是基于血缘、地缘与人缘的熟人社会的，因此在贸易发达、商业活动相当复杂的时代便无法维持。中与西，古与今，架构起讲清楚中华传统文化的两个认知框架。“如切如磋，如琢如磨”，在与不同文化的对比中，中华传统文化的优势与不足方能充分显现出来。在此过程中，中华传统文化的生命力也得以丰富彰显。

立足人类高度，是传统文化创新发展的应有追求。对国际视野的培育当然不能唯西学马首是瞻，而是要借此综合创新，以人类的高度来审视中华传统文化，也就是要在“人类命运共同体”中来“讲清楚”中华传统文化。2013 年 3 月，习近平在莫斯科国际关系学院发表重要演讲，他指出：“这个世界，各国相互联系、相互依存的程度空前加深，人类生活在同一个地球村里，生活在历史和现实交汇的同一个时空里，越来越成为你中有我、我中有你的命运共同体。”此后，习近平总书记多次在不同场合向国际社会传递过这一中国理念。“人类命运共同体”，向世界传递了在国与国关系中追求和平发展的愿望。同声相应，同气相求。中华传统文化追求高远、思想深邃，在人类思想的高处与其他文化相遇，是整个人类文明的瑰宝。仁者爱人，重和合，求大同，有利于缓释不同民族、不同国家、不同文化之间的冲突；“人与天地万物一体”“民胞物与”有助于建构新的生态环境伦理和可持续发展的战略规划，对正确处理人与自然的关系问题具有启迪意义；大道之行，天下为公，构画了人类发展的未来愿景。中华传统文化体现了中国人的生存智慧，也丰富了整个人类的立命之学。

日新之谓盛德，生生之谓易。传统文化，是在历史发展过程中不断融合新质、转换创新的产物。中华传统文化，富有海纳百川的创新精神和巨大的创生能力。时移事易，新的时代，新的处境，中华传统文化也承担着实现创造性转化和创新性发展的责任。要把握时代脉搏，吸引人类其他文明的优秀成分，引领时代前进，为中华民族生生不息、发展壮大提供源源不断的丰厚滋养。中国当代的生态文明建设，要植基于中华传统文化的“仁爱”观念，同时也要融入现代科学的生态理念；中华传统文化中的“民本”观念，在家天下的背景下，强调的是“为人民的统治”，而忽略了“人民的统治”，只有融入现代的民主观念，才能推进人民民主专政；现代诚信建立在现代社会发展的基础之上，要把西方法律文化中的自由、平等、权利等内容作为重要参考，实现美德与制度的结合；等等。《尚书·说命》讲“知之匪艰，行之惟艰”，朱熹认为知先行后、知轻行重、知行互发，王阳明进一步提出“知行合一”……由知行关系来看，中华传统文化的“双创”与“四个讲清楚”也是“合一”的两个方面。

齐鲁文化在中华传统文化中占据着特别重要的地位。齐鲁大地是中华文明最早的发源地之一，有着深厚的文化基础。以周封齐鲁为契机，齐鲁成为中华早期文明的“重心”之地。春秋末期，儒学创始人孔子的出现，既是齐鲁文化发展的结果，同时也推动了齐鲁文化地位的进一步提升。战国时期百家争鸣，齐鲁的重心地位更加突显：诸子百家多出齐鲁，齐国的稷下学宫成为百家争鸣的中心之地，儒墨显学并出于齐鲁。秦汉以后，齐鲁文化由地域文化上升为国家的主流文化，成为中华传统文化的核心和主干。中国思想史界著名学者杨向奎先生对齐鲁文化的这种特殊地位做了精辟概括："齐鲁文化，实为先秦文化的核心，在中国历史上，齐鲁文化也是传统文化的正统派。"齐鲁文化的这种特殊地位与特殊贡献，使它超出了地域范围而具有国家乃至世界性的意义。中华传统文化的基础与主干都与齐鲁文化有着密切的联系。

《齐鲁文化与当代中国丛书》基于以上的思路策划撰写，五本书的作者都是在相关领域卓有成就的中青年学者，文字中凝聚了他们的研究和思考，也浓缩了中国当代学人对中国传统文化的深情。本丛书由山东省社会科学界联合会组织策划，得到中共山东省委宣传部的高度重视，被列入山东省理论大众化出版工程重点项目，同时得到了教育部人文社科重点研究基地山东师范大学齐鲁文化研究院、山东省协同创新中心"齐鲁文化传承与山东文化强省建设"项目的经费支持。"周虽旧邦，其命维新"，中华传统文化正日渐焕发出新的生机。实现民族复兴，中华民族的发展，要从中华传统文化中汲取力量；克服诸多困难，人类社会的进步，要从中华传统文化中寻找智慧。

编 者

2017 年 12 月

目录

绪论

齐鲁文化是中华优秀传统文化的重要代表，它不仅是山东进行文化建设的重要而独特的文化资源，而且也是我国建设社会主义文化强国、开展各项工作的重要思想资源和文化支撑。当前，中央大力弘扬包括齐鲁优秀传统文化在内的中华优秀传统文化，意在充分挖掘和利用中华民族几千年来所形成的独具特色的文化传统，为我们当前的文化建设服务，并配合国家的发展战略，助推实现中华民族伟大复兴的中国梦。

因此，我们要在国家发展战略中审视齐鲁优秀传统文化资源的重要意义，认真落实习近平总书记提出的“用好齐鲁文化资源丰富的优势，加强对中华优秀传统文化的挖掘和阐发”的指示要求，深入挖掘和阐发齐鲁优秀传统文化的时代价值，为山东乃至全国文化建设及各项事业发展提供支撑。我们要把握齐鲁文化中那些超越历史局限、具有恒常价值的内容，还要保证这些内容能适应当前文化建设需要，能够满足当下需求。也就是说，这些内容既要有恒常价值，又要能为我所用，具有时代价值。换言之，我们所要弘扬的齐鲁优秀传统文化，就是既具有恒常价值、又具有时代价值的齐鲁文化。

齐鲁文化特别是儒家文化，其根本任务是为国家治理提供理论支撑，是一套以“内圣外王”为基本架构的思想系统。在齐鲁文化那里，实现国家乃至世界的和谐有序是其政治理想，而实现此理想的途径便是通过当政者的修身来推行礼乐教化。正是在此基础上，齐鲁文化形成了一套系统的道德学说和修身思想。可以说，齐鲁文化无论是在个人的道德修养方面还是在国家治理方面都独擅胜场，其所蕴含的价值观念、道德体系、修身智慧及治国理政经验影响了中国几千年，并且对当前我国文化建设具有重要现实意义。齐鲁文化中所包含的讲仁爱、重民本、守诚信、崇正义、尚和合、求大同的思想，成为涵养社会主义核心价值观的基础和源泉；其所包含的民惟邦本、仁政学说、政者正也、德主刑辅、礼法合治、居安思危、革故鼎新等理念，可以为今天的治国理政提供启示和借鉴；其所包含的诸如孝悌忠信、礼义廉耻、自强不息、厚德载物、仁者爱人、与人为善等道德观念和传统美德，可视为当前道德建设的重要资源。所以，彰显齐鲁文化的时代价值，就要大力弘扬齐鲁优秀文化的思想精神，使其成为涵养社会主义核心价值观的基础和源泉；

就要深入挖掘齐鲁优秀文化治国理政的经验，以推动国家治理体系的改进和完善；就要努力传承和弘扬齐鲁文化中的传统美德，促进传统美德的创造性转化、创新性发展。总之，要充分继承和发扬齐鲁文化中有利于理顺社会关系、鼓励人们向上向善的思想文化内容，引导人们树立和坚持正确的历史观、民族观、国家观、文化观，增强做中国人的骨气和底气，培育文明风尚和社会氛围。以上这些，构成了彰显齐鲁文化时代价值的重要路径。

在这些彰显齐鲁文化时代价值的路径中，要特别注意挖掘和阐发齐鲁文化在治国理政方面的智慧。2014 年 10 月 13 日下午，习近平总书记在主持中共中央政治局第十八次集体学习时发表重要讲话，其中特别强调，历史是最好的老师。在漫长的历史进程中，中华民族创造了独树一帜的灿烂文化，积累了丰富的治国理政经验，其中既包括升平之世社会发展进步的成功经验，也有衰乱之世社会动荡的深刻教训。我国古代主张民惟邦本、政得其民，礼法合治、德主刑辅，为政之要莫先于得人、治国先治吏，为政以德、正己修身，居安思危、改易更化等，这些都能给人们以重要启示。今天我们治理国家和社会，遇到的很多事情都可以在历史上找到影子，历史上发生过的很多事情也都可以作为今天的镜鉴。中国的今天是从中国的昨天发展来的。要治理好今天的中国，需要对我国历史和传统文化有深入了解，也需要对我国古代治国理政的探索和智慧进行积极总结。习近平总书记所强调的民惟邦本、政得其民等历史上的治国理政经验，正是受齐鲁文化中儒家文化的影响形成的。

事实上，齐鲁文化所包含的治国理政思想不但丰富，而且自成体系。所谓自成体系，即是说齐鲁文化包含忧患意识、民本思想、仁政学说、德主刑辅、修身为本、尊贤上功、协和万邦等，这些内容构成了一个涵括修身治国平天下、内圣外王等思想内涵的有机系统。

通过对国家兴亡、政权更替、社会治乱等现象的观察，齐鲁先哲看到了“天命靡常”的残酷现实，从而产生了深深的忧患意识。他们认识到民心向背对国家兴亡的重要性，在继承以前的“民惟邦本，本固邦宁”思想传统的基础上，形成了“敬德保民”的民本思想。这一思想为孔孟儒家继承，“敬德保民”“保民而王”的民本思想成为儒家政治思想的基础。由于以民为本，所以自然在政治上要采取敬民、爱民、富民、保民的政策，这也就是儒家所主张的“仁政”。可以说，仁政思想是齐鲁文化政治思想的最大特色，提出“仁政”的主张是齐鲁文化在探索治国理政方式方面作出的杰出贡献。道德教化和刑罚惩处是治理国家和社会的两种基本方式，齐鲁文化两者兼用，主张“礼法合治”。但受“仁政”思想的影响，在德治与刑罚两方面，齐鲁文化更侧重“德主刑辅”和“明德慎罚”的治理方式，以期通过道德教化使人向善，自觉遵守礼仪秩序，从而实现国家的有序治理。而无论是以民为本还是施行仁政、德主刑辅、道德教化，做到这些的前提是当政者要进行道德修身，培养良好的道德修养。所以齐鲁文化强调“修身为本”，通过修己以安人、修己以安百姓，做到由内圣而外王。国家治理的关键在于当政者的道德示范和以身作则，当政者的榜样作用非常重要。因此，培养和选拔合适的人才并将其放在领导的位置，就成为治国理政的一项重要内容，由此齐鲁文化提出了“尊贤上功”的思想。外交是内政的延续，秉持为政以德的理念，在处理国与国之间的关系方面，齐鲁文化反对崇尚武力的霸道，主张以德服人、协和万邦的王道。齐鲁文化中的这些治国理政智慧，对今天仍有重要启发借鉴意义，值得加以弘扬。

第一，大力弘扬齐鲁文化中的民本思想，就是要深刻认识人民的力量和人心向背对国家长治久安的重要性，就是要解决执政为了谁、执政依靠谁的问题，就是要落实习近平总书记指出的“要始终把人民放在心中最高的位置，牢记责任重于泰山，时刻把人民群众的安危冷暖放在心上，兢兢业业、夙夜在公，始终与人民心心相印、与人民同甘共苦、与人民团结奋斗”的执政理想和执政信念。

第二，大力弘扬齐鲁文化中的仁政学说，就是要强化官员对人民的同情和关爱，落实党为人民服务的宗旨，要时刻把人民放在心上，把解决民生问题当作执政的核心任务。特别是在当前，实行仁政就是要做到政治清明，加强反腐；就是要强化责任意识、勇于担当，反对不作为、乱作为；就是要提高行政效率，建设高效政府；就是要实现社会公平正义。

第三，大力弘扬齐鲁文化中的德主刑辅、礼法合治思想，就是要坚持依法治国与以德治国相结合；就是要借鉴传统“礼法结合”的社会综合治理模式，以礼行法，减少推行法的阻力，以礼明法，增强道德约束力；就是要强化道德教化在社会治理中的基础性地位，要在加强法治建设的同时，充分发挥道德规范、家规民约、行业规则，特别是社会主义核心价值观的精神引领作用。

第四，大力弘扬齐鲁文化中的修身为本思想，就是要清醒地认识人是施政的主体，施政者良好的道德修养是执政的前提，是治国之本，是百姓安定的基础；要深刻认识加强党的建设和党性修养的重要意义；要真切体会“中国共产党人作为执政党要常修为政之德、常思贪欲之害、常怀律己之心，永葆共产党人的政治本色”的必要性和重要性。

第五，大力弘扬齐鲁文化中的尊贤上功思想，就是要认识“为政之道，在于用人”的重要意义；就是要确立和强化“德才兼备、以德为先”的用人标准和用人导向；就是要建立公正合理的用人制度，确保选取合格的人才担任领导职务；就是要大力营造良好的氛围，为人才培育、人才引进和人才成长提供良好的环境和优厚的条件。

第六，大力弘扬齐鲁文化中的革故鼎新思想，一方面，要坚定改革开放的立场，充分吸收鼎新之道中有关国家治理方面的思想智慧，具备创新求变、开拓进取的胆识魄力；另一方面，要充分吸收鼎新之道中道德修养方面日新其德的思想内涵，党员干部特别是领导干部必须把加强道德修养作为重要的人生必修课。

第七，大力弘扬齐鲁文化中的协和万邦思想，就是要以世界大同的理想信念为指导，积极推动和平外交方针；就是要坚持平等互利、合作共赢的原则，妥善处理与周边国家及世界各国的关系，为中国的崛起营造良好的环境；就是要积极推动“一带一路”倡议落实，真正实践传统王道政治理想，为世界新秩序的建立贡献中国智慧。

第一章 民本思想

民本思想是中国政治思想史中渊源甚久、流传甚广、对中国传统政治影响甚深的思想观念之一，也是齐鲁文化中最为丰富、最具特色的政治思想观念之一。“民本”这一概念较早出现在《尚书》一书中，书载“皇祖有训：民可近，不可下；民惟邦本，本固邦宁”[①]，这表明在中国刚刚进入文明时代的夏朝，就产生了民本思想。民本与神本不同，民本思想认为人民是国家的根本，是影响国家兴亡、社会治乱的决定性力量。特别是到了周代，在

① 《尚书·五子之歌》。

反思小邦周取代大国殷的过程中，周人开始意识到，天帝、神灵并不直接决定一个国家存亡的命运；天要通过民意反映天意，如果统治者不能取得人民的支持，那么“天命”就会发生转移，国家就会灭亡。所以当政者只有通过修德来取得人民的支持，国家统治才能稳固。正是在这样的历史背景下，周公旦提出了“敬德保民”的思想，他也由此成为齐鲁文化中民本思想的奠基者。

第一节　周公的“敬德保民”思想

西周建国，首封齐鲁。受封于鲁的正是周武王的弟弟周公旦。周公虽未就国，而是由其子伯禽主持鲁国国政，但周公与鲁的这种特殊关系，使得他的思想成为齐鲁文化特别是鲁文化的重要源头。周公的民本思想主要有以下特色。

一、以德配天

在周人总结王朝兴亡的历史经验时，已经发生了商取代夏、周取代商的政权更迭的历史事件。这些历史事件告诉人们，天意是通过民意来表达的，所谓“民之所欲，天必从之”[①]，“天视自

① 《尚书·周书·泰誓上》。

我民视，天听自我民听”[①]，如果丧失民意的支持，上天也就不再支持统治者继续统治，国家就会覆亡。而统治者之所以会丧失民意的支持，根本在于“失德”，这从夏、商的灭亡可以看出。夏桀是一个有名的暴君，他不修道德，压迫百姓，人民不堪重负，即所谓“不务德，而武伤百姓，百姓弗堪”[②]，在忍无可忍的情况下，百姓们奋起反抗，甚至表示要与夏桀同归于尽：“时日曷丧，予及汝偕亡!”[③] 就这样，夏王朝在人民的反抗下被推翻了。商王朝的最后一个君主商纣王也是一个淫暴之君，他不仅过着奢靡的生活，而且穷兵黩武，于是“小民方兴，相为敌仇”[④]，奴隶、平民都纷纷起来反抗，弄得民情鼎沸，商纣王最终在牧野之战中落得身死国亡的下场。

周公在总结商王朝灭亡的教训时认识到，天是以“德”为依据决定王朝“天命”（也就是统治权）转移的。如果统治者无德，那么上天就会将赋予他的统治权收回，人民就会推翻政权，另建新的王朝。那周朝怎么才能巩固统治、永保天命呢？周公提出了“以德配天”“敬天保民”的观点。周公曾告诉成王：“欲至于万年，惟王子子孙孙永保民”[⑤]，意思是说，要想保持长久统治，子孙后代要永远“保民”。保民是周公认为可以保住王业的基本条件，当然这也是“以德配天”的核心内容。

---

① 《尚书・周书・泰誓中》。
② 《史记・夏本纪》。
③ 《尚书・商书・汤誓》。
④ 《尚书・商书・微子》。
⑤ 《尚书・周书・梓材》。

二、敬德保民

周公的“敬德保民”思想主要包括两层内涵，其一是要求统治者勤政爱民，体恤人民疾苦，不能荒废怠惰。周公还政于成王以后，害怕成王贪图享乐，荒废政事，就告诫成王不可安逸享乐：“君子所其无逸，先知稼穑之艰难，乃逸，则知小人之依。”① “知小人之依”，即是要体察民情，知百姓之疾苦，想人民之所想，急人民之所急，绝不可因贪图享乐而压榨百姓，造成民生疾苦。所以保民的关键一点就是保障民生，而保障民生的关键是统治者要“敬德”，要勤政爱民，让百姓免于生活的疾苦；如果统治者无德，贪图享乐不管人民死活，也必然会遭到人民的唾弃。

“敬德保民”的另一层意思就是“明德慎罚”。周公在总结商朝灭亡的教训时指出，商纣王使用严酷的刑罚残暴统治百姓，是商王朝丧失民心最终覆亡的一个重要原因。炮烙之刑、醢刑、脯刑、烹刑等酷刑商纣王都使用过，这些酷刑的滥用也加速了商王朝的灭亡。鉴于此，周公提出了“慎罚”的政治主张。所谓“慎罚”，就是慎重使用刑罚，不乱罚无罪，不滥杀无辜，在运用法律与实施刑罚时保持克制与审慎。在康叔要走马上任去管理商朝遗民时，周公教诲并告诫康叔，对待殷商故老要“明德慎罚”，要尽量宽恕罪人。他说，对待臣民犯罪，好像自己生了病一样，那样臣民就会抛弃罪恶；保护臣民，好像爱护自己的孩子一样，

---

① 《尚书·周书·无逸》。

臣民就会康乐安定。当然，“慎罚”并不是“不罚”。周公告诫康叔，对于那些杀人越货的亡命之徒，就要顺从人民群众的意愿去惩罚他们；对于那些不守国家大法、助纣为虐的人，要当机立断加以铲除。

教化思想是周公“敬德保民”思想的深化，也是周公执政思想的精华。周公曾告诫康叔：“汝亦罔不克敬典，乃由裕民，惟文王之敬忌；乃裕民曰：‘我惟有及。’”“爽惟民迪吉康，我时其惟殷先哲王德，用康乂民作求。矧今民罔迪，不适；不迪，则罔政在厥邦。”① 这两句话是周公注重教化的集中体现，他告诫康叔不仅自己要遵守法令，还要用法令去教导百姓，要用文王敬德忌刑的风范把百姓引上正道。同时他更明确地指出，教化能够使百姓善良、国家安康，这充分体现了周公的民本思想。周公“敬德保民”的政治实践在当时取得了良好的效果。在周公的辅佐下，武、成时期，周王朝国势蒸蒸日上，东征殷顽，营建东都，分封诸侯，制礼作乐，建立起规模空前的奴隶制王朝。史书评价说：“成康之际，天下安宁，刑措四十余年不用”②，全国上下一派升平的景象！

第二节　孔子的“富民”“教民”思想

孔子是儒家学派的创始人。他继承三代特别是周朝尚德的思

① 《尚书·周书·康诰》。

② 《史记·周本纪》。

想，建立了以“仁”为核心的思想体系。在孔子那里，“仁”的基本内涵就是“爱人”，即所谓“仁者爱人”。孔子的“爱人”虽然首先指的是对父母亲人之爱，体现了一种爱亲之情，但最终是要人经由对父母亲人的爱实现对所有人的爱，也就是“泛爱众”。孔子主张当政者把仁爱的情怀扩展到所有的人，其中包括一般民众，这也体现了一种独特的民本思想。

一、爱民

在孔子那里，仁爱精神的核心是“忠恕之道”，所谓“己所不欲，勿施于人”[①]，即体现为自我与他人在彼此尊重基础上的一种温情和心灵感通。这种关系表现在当政者与百姓之间，就是当政者仁爱百姓，即以民生为重，关爱百姓的生活。为此，孔子特别反对统治者搜刮民脂、聚敛民财，主张“敛从其薄”，反对向民众征收过重的赋税。原因很简单，轻徭薄赋才能减轻民众负担，避免影响人民的正常生活。《论语·先进》载：“季氏富于周公，而求也为之聚敛而附益之。子曰：‘非吾徒也。小子鸣鼓而攻之，可也。’”季氏比鲁国国君还富有，但冉求还要替他搜刮民财，继续增加他的财富。孔子对此非常气愤，说：“冉求不是我的徒弟，你们这班弟子可以大张旗鼓地去讨伐他。”在当政者和百姓之间，孔子反对当政者向百姓搜刮财货积聚财富，站在了百姓的一边，体现了其仁爱之心及对下层民众的关怀，当然也体现

① 《论语·颜渊》。

了其以人民为本的立场。另外，孔子的爱民主张还表现在他的惠民思想中。孔子曾多次称道子产，认为子产有不少美德，“子谓子产，有君子之道四焉：其行己也恭，其事上也敬，其养民也惠，其使民也义”①，其中的“养民也惠”即是说他能施惠于民。孔子不但反对统治者与民争利，反对滥用民力，要当政者“敬事而信，节用而爱人，使民以时”②，还提出仁爱百姓的最高境界是“博施于民而能济众”③，通过普遍施惠于民，救济百姓，从而实现“老者安之，朋友信之，少者怀之”④ 的社会理想。

二、富民

孔子主张爱民、惠民，其核心是富民，即要让百姓过上富裕的生活。物质条件是百姓维持生命、维持生活的基础，也是维持社会秩序、维持政治稳定的基础，所以孔子认为，为政的首要任务是解决民众的基本生活问题。“子贡问政。子曰：‘足食，足兵，民信之矣。’”⑤ 孔子把足食放在了为政的第一位，可见满足民众的基本物质生活需要对为政的重要性。在孔子看来，“贫而无怨，难”，在民穷财尽、衣食无着的情况下，还想让百姓安分守己，是不可能的。只有满足百姓的衣食需求，政治才能稳定，当政者的利益也才能够得到保障，“百姓足，君孰与不足？百姓

① 《论语·公冶长》。
② 《论语·学而》。
③ 《论语·雍也》。
④ 《论语·公冶长》。
⑤ 《论语·颜渊》。

不足，君孰与足"[①]说的就是这个道理。当然，孔子对人民的爱惜之情并不仅仅停留在足食的基本要求上，孔子认为"富民"是统治者施政所应追求的目标，也是不可逃避的责任。据《论语·子路》记载："子适卫，冉有仆。子曰：'庶矣哉！'冉有曰：'既庶矣，又何加焉？'曰：'富之。'曰：'既富矣，又何加焉？'曰：'教之。'"孔子提出，在实现广土众民的施政目标后，接下来就应"富之"，即使民众富裕起来。孔子认为追求富裕、过富足的生活是人之常情，他自己也不反对。他说："富而可求也，虽执鞭之士，吾亦为之。"[②]这表明孔子本人有追求富裕的愿望。不过孔子认为，追求富裕应以遵循礼义道德为底线，应"欲而不贪"。他说："富与贵，是人之所欲也，不以其道得之，不处也；贫与贱，是人之所恶也，不以其道得之，不去也。"[③]还说："不义而富且贵，于我如浮云。"[④]可以看出，孔子民本思想在经济上的诉求继承了周公保民、惠民的思想。

三、教民

孔子对民本的重视，还表现在他的教民思想方面，这可以说是孔子民本思想的特色所在。周公也主张教民，但孔子的教民思想与之不同。孔子认为，治理国家不能只满足于"富民"的层

① 《论语·颜渊》。
② 《论语·述而》。
③ 《论语·里仁》。
④ 《论语·述而》。

面，在使民众富裕的基础上，他主张当政者对百姓施以教化。孔子的教民思想主要包含两方面的内容。其一，基于仁爱百姓、尊重百姓生命的立场，孔子提出，统治者应该对民众广泛进行宣传教育，把法律、法令所禁止和要求的告诉他们，以免他们触犯刑律后被杀，减少无谓的牺牲。所以他反对“不教而杀”“不戒视成”，明确提出“不教而杀谓之虐”[①]，主张要对人民进行礼义道德教化，以期“齐之以礼”。在孔子看来，礼义道德教化能防患于未然，使人们日益向善，从根本上消除违法犯罪的动机，免于因触犯刑律而遭到惩处。在对弟子的教导中，孔子就说：“善人为邦百年，亦可以胜残去杀矣”[②]，体现了孔子对人民生命的尊重。与此立场一致，孔子还主张：“善人教民七年，亦可以即戎矣。”“以不教民战，是谓弃之。”[③] 孔子虽然反对君主穷兵黩武，但看到战争不可避免时，还是主张以军旅之事教民，使他们不至于在战争中白白送命，这同样体现了他尊重爱惜人民生命的民本立场。以上是孔子教民的第一层意涵。

孔子教民的第二层意涵，也是更重要的内涵，就是当政者治理国家，最重要的是要对百姓进行道德教化。在孔子那里，肉体生命的存在对一个人生命价值的实现固然重要，但人生的真正意义是实现“仁德”，也就是要实现人的道德生命和精神自觉。所以孔子的爱民，除了表现为对百姓肉体生命的尊重，更表现为对人道德生命的尊重，主张对百姓进行道德教化。特别值得一提的

① 《论语·尧曰》。
② 《论语·子路》。
③ 《论语·子路》。

是，在对人的道德教化中，孔子提倡“有教无类”和“因材施教”的教育理念，要求根据学生的资质特点施教，而不是根据门第出身。这表明孔子看待施教的对象是完全平等的，受教育者不论贫富贵贱，都拥有平等接受教育的机会。这也体现了孔子“以民为本”的价值观和政治理想。

第三节　孟子的“民贵君轻”思想

齐鲁文化中，对民本思想阐释最为系统、最为深刻的是孟子。孟子指出，人民对当政者而言至关重要，他曾说过，“诸侯之宝三：土地、人民、政事”①，认为人民是当政者最可宝贵、需要认真对待的；而且他还直接提出了人民是天下国家根本的观点，极大地推动了民本思想的发展。

一、“民贵君轻”的重民思想

孟子民本思想的重要特色在于，他在历史上第一次对人民、国家、君主之间的关系及地位作了明确的阐述，提出了“民贵君轻”说。他说：“民为贵，社稷次之，君为轻”②，认为人民、国家、君主三者之间，民最为宝贵，其次是国家，而君主最次。他

① 《孟子·尽心下》。
② 《孟子·尽心下》。

说的民贵君轻，不是说人民比君主还要尊贵，而是强调“民”对“社稷”和“君”的决定性作用。宋代大儒朱熹对孟子的这个思想有过解释，他说：“国以民为本，社稷亦为民而立，而君之尊又系于二者之存亡。”① 他认为国家以民为本，社稷是为民而设立的，而君主的尊贵地位要以社稷的存在为前提。换言之，没有人民就没有国家社稷，没有国家社稷就不会有国君的存在，这是直接把人民当作了国家的根本。在孟子看来，人民之所以是国家的根本，就在于如果国家得不到人民的支持就不能存在。所以孟子强调：“是故得乎丘民而为天子，得乎天子为诸侯，得乎诸侯为大夫。”② 得到人民的支持就能做天子，而得到天子的支持只能做诸侯，得到诸侯的支持只能做大夫，由此可以看出，得到人民的支持是多么重要！人民确实是国家社稷的根本，人民比国君更重要！天子虽至为尊贵，但只有得到人民的支持才能做天子，这种以民为本的思想充分肯定了人民在国家中的价值和地位，将重民思想推到了一个全新的高度。

人民的支持对国家至关重要，而获得人民支持的关键在于赢得民心，所以孟子特别强调民心、民意的向背对国家和君主的重要性。他说：“桀、纣之失天下也，失其民也；失其民者，失其心也。得天下有道：得其民，斯得天下矣；得其民有道：得其心，斯得民矣；得其心有道：所欲与之聚之，所恶勿施尔也。”③ 孟子的意思很明确，即天下得失在于民的得失，而民的得失又在

---

① 《四书章句集注》。
② 《孟子·尽心下》。
③ 《孟子·离娄上》。

于民心的得失，民心向背对统治者有着决定性的影响。历史上传唱不衰的“得民心者得天下”的名句就是由此而来的。孟子进而指出，赢得民心的重要方式，是当政者能做到与民同乐，以百姓之心为心：“乐民之乐者，民亦乐其乐；忧民之忧者，民亦忧其忧。乐以天下，忧以天下，然而不王者，未之有也。”[①] 君主要乐民之乐、忧民之忧，以百姓为重，这样就能赢得民心，就能因得到百姓的支持而获得天下。

二、“制民恒产”和“省刑罚，薄税敛”的利民思想

孟子认为政治上要得到百姓的支持、拥护，就必须满足他们的基本物质需求。百姓有了固定的产业，生活有了保障，才会安心生活；反之，没有固定的产业，就不会有坚定的道德观念，百姓生活困难就会起来反抗，这是社会动乱的根本原因。孟子说：“民之为道也，有恒产者有恒心，无恒产者无恒心。苟无恒心，放辟邪侈，无不为已。及陷乎罪，然后从而刑之，是罔民也。”[②] “恒产”即稳定的生产生活资料，“恒心”即正常的道德行为。百姓没有恒心，其行为就会放荡不轨，引发违法犯罪。等到人民犯了罪，国家对他们施以刑罚，那就等于是张开大网来捕民，故意陷其于死地。所以孟子提出要“制民之产”：“是故明君制民之产，必使仰足以事父母，俯足以畜妻子，乐岁终身饱，凶年免于

① 《孟子·梁惠王下》。
② 《孟子·滕文公上》。

死亡，然后驱而之善，故民之从之也轻。”① 让百姓有基本的物质生活资料，能满足一家老小的生活需求，而且在歉收的年份还能免于饥饿，然后再教化百姓向善，这样社会秩序就能维持。所以孟子强调，让百姓有可耕种的田地，同时还要让百姓不违背农时进行耕种，以此保障基本生活需求，这是实现王道政治的基础和起点。“不违农时，谷不可胜食也……是使民养生丧死无憾也。养生丧死无憾，王道之始也。”② 在孟子看来，如果做到了这些还不能使天下归顺，那是从未有过的事，所谓：“五亩之宅，树之以桑，五十者可以衣帛矣。鸡豚狗彘之畜，无失其时，七十者可以食肉矣。百亩之田，勿夺其时，数口之家可以无饥矣……七十者衣帛食肉，黎民不饥不寒，然而不王者，未之有也。”③

与制民之产保障人民生活相一致，孟子反对横征暴敛、滥用民力，认为应避免因征税而影响人民的生活。他希望国君“施仁政于民，省刑罚，薄税敛”④。孟子反对名目繁多的苛捐杂税，主张征收赋税应坚持适中适度的原则，同时必须管理好土地，减轻赋税：“易其田畴，薄其税敛，民可使富也。”⑤ 在孟子看来，国君只有减轻刑罚，少收赋税，使百姓有充足的时间进行深耕细作，让百姓过上富足的生活，才能得到百姓的真心拥护，才能使国力增强，天下安定。这是孟子民本思想在经济领域的具体体现。

① 《孟子·梁惠王上》。
② 《孟子·梁惠王上》。
③ 《孟子·梁惠王上》。
④ 《孟子·梁惠王上》。
⑤ 《孟子·尽心上》。

三、“善教得民心”的教民思想

孟子的民本思想，核心是得民心者得天下。在孟子那里，制民之产以保障人民的基本物质生活是为了得民心，而更重要的得民心的方式是对人民施以道德教化。因此，孟子提出一个非常重要的观点，即道德教化比政治治理更能得民心：“善政不如善教之得民也。善政，民畏之；善教，民爱之。善政得民财，善教得民心。”① 好的政治管理之所以不如好的教化更易得民心，是因为好的政治管理只是让百姓敬畏、害怕，而好的道德教化则能得到百姓的爱戴和拥护。“民畏之”并不等于真心拥护，“民爱之”才是真心拥护的表现。所以孟子认为，统治者在使百姓生产生活稳定、有“恒产”之后，接下来便要对百姓进行必要的思想观念和价值理念的教育。教育的主要内容是人伦之道。孟子认为：“人之有道也，饱食、暖衣、逸居而无教，则近于禽兽。”② 物质生活改善后不接受人伦教育，不明白做人的道理，那人和禽兽有什么区别呢？故孟子主张对百姓“谨庠序之教，申之以孝悌之义”③，通过学校教育使百姓明白孝亲敬长的道理，能够自觉按照“父子有亲，君臣有义，夫妇有别，长幼有序，朋友有信”④ 的儒家道德法则进行生活，这样不但能避免道德规范缺失和不讲礼义而导

① 《孟子·尽心上》。
② 《孟子·滕文公上》。
③ 《孟子·梁惠王上》。
④ 《孟子·滕文公上》。

致的秩序混乱，而且能让百姓认同并自觉落实“君臣有义”的道德法则，自觉自愿支持当政者的统治，从而在客观上起到赢得民心的作用。

第四节　荀子“君舟民水”的民本观

荀子是孔子之后与孟子基本同时代的大儒，他与孟子分别发展了孔子的礼学思想和仁学思想。荀子重礼，主张君主以礼节制万民。但荀子并不是君本论者，他与孟子一样，也是一个民本论者，而且提出了一系列相当进步的民本思想。如荀子不但提出“君舟民水”说，认为人民是君主赖以存在的基础，同时也强调人民的力量可以推翻君主，而且他还大胆提倡“立君为民”说，反对“立民为君”说，“天之生民，非为君也；天之立君，以为民也”[①]，这些都鲜明地体现了荀子的民本立场。了解中国古代的民本思想，不应忘记荀子。

一、君舟民水

荀子虽认为君主是国家的最高统治者，应居于最尊贵的地位，但同时他又认为这种尊贵的地位是相对的。在他看来，如果

① 《荀子·大略》。

君主不对，民众就可以不服从君主，即“从道不从君”[①]。不但如此，荀子强调人民才是国家的根本，如果得不到人民的支持，国家必然不保。如荀子说：

> 有社稷者而不能爱民、不能利民，而求民之亲爱己，不可得也。民不亲不爱，而求其为己用、为己死，不可得也。民不为己用、不为己死，而求兵之劲、城之固，不可得也。兵不劲、城不固，而求敌之不至，不可得也。敌至而求无危削、不灭亡，不可得也。[②]

与孟子一样，荀子认为民心的向背关系到政权的安危，国君如能得到百姓的支持，国家就会强盛；反之，国家则会陷入贫困、衰弱，因此国君应该利民、爱民、富民，以赢得百姓的支持。

荀子把人心向背关乎国家存亡的这种关系比喻为水与舟的关系，提出了“君舟民水”说。《荀子·哀公》篇说：“丘闻之：君者，舟也；庶人者，水也。水则载舟，水则覆舟。君以此思危，则危将焉而不至矣！”这里虽然是荀子借着孔子的话说的，其实是反映了荀子的立场。荀子将君民比作舟水，相对于孟子“民贵君轻”的抽象论断，更为形象地道出了人民既可以支持君主、使国家兴旺，也可以倾覆社稷、使国家灭亡的决定性作用，富有哲理地阐述了君主和百姓谁更为根本的道理。

---

① 《荀子·臣道》。
② 《荀子·君道》。

荀子之所以有这样的认识，与他对历史经验的总结密切相关。通过总结历史的兴衰，荀子看到，人民虽在下位，但时时都有可能倾覆政权，如果君主不履行为君之“道”，人民就会起而反抗。商汤、周武取得天下，是其修道行义、兴利除害，天下归心的结果；夏桀、商纣失天下，是他们倒行逆施、被民众抛弃的结果。据此荀子认为，君主对待民众的态度，会直接影响自己的统治。因此，他反复告诫当权者，要爱民、利民、重民，离开民众将一事无成。“君舟民水”论是荀子民本思想中最为精彩的论断，这一思想后来成为古代政治哲学的精华，载舟覆舟之说也为李世民、魏征等明君贤臣所津津乐道，成为封建盛世的治国之道。

二、立君为民

关于君民关系，荀子的另一个重要论断就是“立君为民”，这一论断鲜明地体现了他的民本思想。战国末期，集权专制的趋势已非常明显，孟子“民贵君轻”的论调渐渐与当时统治阶级的政治要求不相符合。荀子积极适应新形势的需要，主张“尊君”，但又强调国家的根本在民，形成了在“尊君”框架下的民本思想。他在《荀子·大略》中郑重提出：“天之生民，非为君也；天之立君，以为民也。”君主有尊贵的地位，但上天设立君主，不是让君主凌驾于人民作威作福，而是要为民服务的。在荀子那里，“立君为民”主要是说，上天设立君主是为了让君主代其教化百姓，因为人性有为恶的倾向，所以上天要派圣人君主来教化百姓“化性起伪”；但同时荀子也强调，君主必须以民众为本，实施“富民”“利民”“裕民”的措施，否则就不会被上天认可，不配做君主。当然，荀子也主张人民必须尊君，但他指出人民尊君不是无条件的、绝对的。《荀子·富国》篇说：“臣或弑其君，下或杀其上，粥其城、倍其节而不死其事者，无它故焉，人主自取之也。”这也就是说，诛暴君不是民对君不尊重，而是君主失德咎由自取。他认为百姓要尊的是有德的君主，对无德的君主，人民可以讨伐并取而代之。荀子在《荀子·正论》篇又说：“天下归之之谓王，天下去之之谓亡。故桀、纣无天下，而汤、武不弑君，由此效之也。”汤、武不是以强力夺取天下，而是靠着德行感召百姓以实现“天下归之”，如果君王无德导致天下百姓离去，那就是亡国。荀子是以民心向背为视角评价历史人物和历史事件的，这同孟子的“民贵君轻”“诛一夫”的观点暗相吻合。

荀子既强调尊君，又坚持立君为民、以民为本的立场，因此他的尊君与法家的尊君存在着本质的区别。对于两者的区别，萧公权有过精到的论述：“荀子尊君，故有与法家根本不同之点，法家倾向于以君为政治之主体，荀子则不废民贵之义。盖荀子尊君之主要理由，为君主有重要之职务。以今语释之，荀子思想之君者，乃一高贵威严之公仆，而非广土众民之所有人。若一旦不能尽其天职，则尊严丧失，可诛可废。”① 这即是说，荀子即便强调尊君，而其实质的立场也是民本主义的；这也决定了荀子终归是一个儒者，而不是法家阵营的一员。

---

① 转引自邱文山：《齐文化与中国古代民主精神》，《管子学刊》2001 年第 2 期。

三、以政裕民

让人民富裕是保持社会稳定、赢得民心和增强国力的基础和重要保障，对稳固统治至关重要。孔子提出的“庶、富、教”和孟子主张的“制民之产”“取于民有制”以保证人民的生产、生活，都体现了这样的立场。荀子在总结前人思想的基础上，提出了“以政裕民”的政治主张。荀子认为民富是国富的基础，让百姓富裕是一国富强、称雄称霸的重要前提。因此，荀子强调治理国家重在“裕民”。而关于如何做到裕民，荀子提出了两方面的主张。其一，大力发展农业生产。荀子指出：“田野县鄙者，财之本也；垣窌仓廪者，财之末也”①，“强本而节用，则天不能贫；养备而动时，则天不能病；修道而不忒，则天不能祸”②。农业生产是经济的根本，只有大力发展农业生产，才能实现富国、富民的目标。在具体做法上，荀子主张每家每户都分有一定的宅院土地，同时，国家尽量减少对农业生产的干扰，降低赋税，这样就可以实现富民，所谓“五亩宅，百亩田，务其业而勿夺其时，所以富之也”③，“轻田野之税，平关市之征，省商贾之数，罕兴力役，无夺农时”④。其二，“节用裕民”，即节俭节用，降低开支用度。荀子崇尚节俭，指出治国富民要“节其流、开其源”⑤，认为

---

① 《荀子·富国》。
② 《荀子·天论》。
③ 《荀子·大略》。
④ 《荀子·富国》。
⑤ 《荀子·富国》。

这是关系国计民生的重大问题。荀子提倡在全国范围内推广“节用”的原则，主张平民百姓、王公贵族以及君主都要坚持节用的原则，反对国君贪暴的施政方式和奢侈的生活方式。关于节用的好处，荀子在《荀子·富国》篇中指出：“知节用裕民，则必有仁义圣良之名，而且有富厚丘山之积矣”，“不知节用裕民则民贫，民贫则田瘠以秽，田瘠以秽则出实不半，上虽好取侵夺，犹将寡获也”。荀子的意思是说，知道节省费用使人民富裕，就一定会获得仁义善良的美名，而且还有堆积如山的财富；而不知道节省费用，就会导致人民贫穷，而人民贫穷就会使土地贫瘠荒芜，那么粮食就达不到平常收成的一半。荀子的“以政裕民”的主张，仍坚持了重民爱民的民本立场，体现了其民本思想的丰富内涵。

第五节　姜太公的“爱民”“富民”思想

作为齐国的开创者，姜太公也有丰富的民本思想。太公早在辅佐文王之时，就提出了“天下非一人之天下，乃天下之天下也”[①] 的观念，认为天下并非君主一个人的天下，而是天下人的天下，反映了其重视普通百姓的立场。同时姜太公强调：

> 天有时，地有财，能与人共之者，仁也。仁之所在，天下归之。免人之死，解人之难，救人之患，济人之急者，德

---

① 《六韬·文韬·文师》。

也。德之所在，天下归之。与人同忧同乐，同好同恶者，义也。义之所在，天下归之。凡人恶死而乐生，好得而归利。能生利者，道也。道之所在，天下归之。①

意思是说，当政者与人民共享财产，这样天下人就会前来归顺。当政者与百姓同好恶、同忧乐，或说民之所好好之、民之所恶恶之，以百姓之心为心，这样天下人就会前来归顺。人民都喜欢德和利，坚持正道、正义就能胜利，所以有道义就能使天下人都来归顺。姜太公的这番论述，反映了其民本思想的最初轮廓，此时的他虽没有明确提出以民为本的思想，但清楚地认识到民众在国家治理中的重要作用和地位，明确指出了国家的君主如果能从“仁”“义”“德”“道”四个方面给人民以利益，让他们生活得好一些，那么民众就会归附于他。所谓“道之所在，天下归之”，便十分清晰地反映了以民为本的思想倾向。具体而言，姜太公的民本思想主要包括爱民和富民两个方面。

一、爱民

姜太公在辅佐文王之初，文王曾向他咨询治国方略，太公就提出了“爱民”的主张。太公说：“利而勿害，成而勿败，生而勿杀，与而勿夺，乐而勿苦，喜而勿怒。”② 意思是说，要给百姓

① 《六韬·文韬·文师》。
② 《六韬·文韬·国务》。

实惠而不要伤害百姓，要成就百姓而不要败坏百姓，要让百姓生而不要杀百姓，要给予百姓而不要掠夺百姓，要让百姓乐而不要让百姓苦，要让百姓喜而不要让百姓怒。那么怎么做到这些呢？太公直言：

> 民不失务则利之，农不失时则成之，省刑罚则生之，薄赋敛则与之，俭宫室台榭则乐之，吏清不苛扰则喜之。民失其务则害之，农失其时则败之，无罪而罚则杀之，重赋敛则夺之，多营宫室台榭以疲民力则苦之，吏浊苛扰则怒之。故善为国者，驭民如父母之爱子，如兄之爱弟，见其饥寒则为之忧，见其劳苦则为之悲，赏罚如加诸身，赋敛如取己物，此爱民之道也。①

百姓没有失去工作，就能得到利益；不违农时，就是成就百姓；减少刑罚，就是保护百姓；降低赋税，就是给予百姓实惠；当政者少修宫室楼台，百姓就会快乐；吏治清明，减少烦扰，百姓就会欢喜。反之，让百姓失去工作，就是损害百姓；耕作违背农时，就是败坏百姓；没有罪却要惩罚，就是虐杀百姓；加重赋税，就是剥削百姓；当政者征役民力、大肆营造宫殿，使百姓疲惫，就是使百姓受苦；吏治不清、烦扰百姓，他们就会愤怒。在姜太公看来，一个善于为政的人，统治百姓就像父母爱护子女，兄长爱护弟弟，目睹百姓处于饥寒之中就为之忧愁，见到百姓劳

---

① 《六韬·文韬·国务》。

苦就为之悲伤，惩罚百姓就像惩罚自己，收取赋税就像向自己征税那样心痛，这才是爱民之道。由此可见，姜太公民本思想的核心就是“爱民”，治理天下就要把百姓的生死苦乐放在心上，满足民众的愿望。

二、富民

太公封齐后，从其制定的齐国发展的基本方针看，其政策核心在于“富民”。关于如何才能富民，姜太公进行了成功的探索。一方面，他主张大力发展农业、工业和商业，把“大农、大工、大商”看成是国家的三大法宝，认为发展这三种产业，必然会使百姓生活富裕，财货丰足，国家就会安定繁荣。他指出：“农一其乡则谷足，工一其乡则器足，商一其乡则货足。三宝各安其处，民乃不虑。无乱其乡，无乱其族。臣无富于君，都无大于国。六守长则君昌，三宝完则国安。”① 另一方面，姜太公为了保障民众生活，还采取了一些配套措施。首先，他采取了“因其俗，简其礼”② 的国策，对齐地百姓习以为常的风俗习惯和礼节给予尊重和保留，使他们能够延续自己的文化传统。其次，在用人上，采取了“尊贤上功”的方针，国家推举任用有才能的人，根据他们的功绩来评价使用他们。在这种任人唯贤的开放政策下，许多有识之士被齐国招纳，为齐国的发展做出了极大的贡

① 《六韬·文韬·六守》。
② 《史记·齐太公世家》。

献。第三，在发展经济上，太公根据齐地近海、不宜农桑的特点，因地制宜，提出了“通商工之业，便鱼盐之利”[①] 的发展工商业的方针。这样的政策，既有利于利用齐地丰富的自然资源，也符合齐国百姓生产和生活的实际，因此得到了民众的大力支持和拥护，稳定了社会，巩固了政权，人民的生活水平也得到了提高。

太公的治国方针和政策，不仅关系到国家政权的稳定和发展，而且对安定民众的生活也至关重要。太公认为，民众的生活是与国家政权稳定息息相关的大事。太公的治国方略虽未明确提出“以民为本”的概念，却始终体现着重民、爱民、富民的思想内涵，这为齐国民本思想的形成和发展奠定了坚实的思想理论基础。

第六节　管子的“以人为本”思想

在齐国，继姜太公之后，管子进一步丰富了齐国的民本思想。管子充分认识到民众力量的强大和可怕，明确提出统治者要“以百姓为天”。《说苑》记载：

桓公问管仲曰：“王者何贵?”曰：“贵天。”桓公仰而视天。管仲曰：“所谓天者，非谓苍苍莽莽之天也。君人者，

① 《史记·齐太公世家》。

以百姓为天。百姓与之则安，辅之则强，非之则危，背之则亡。《诗》云：‘人而无良，相怨一方。’民怨其上，不遂亡者，未之有也。”

在管子看来，如果百姓支持国家，国家就安定富强；如果百姓不认同甚至背叛国家，国家就会灭亡。所以百姓是国家的根本，决定着国家的兴衰存亡，因此，管子提出了“以人为本”的思想。“夫霸王之所始也，以人为本。本理则国固，本乱则国危。”① 人是国家富强的根本，所谓“以人为本”其实就是以民为本。管子甚至声称，只有取得人民的支持，国家才能成为国家，所谓“是故国之所以为国者，民体以为国”②。既然人民是国家的根本，为了更好地治理国家，管子提出了重民、爱民、利民、富民、惠民等一系列主张。

一、爱民

治国安邦，百姓的作用举足轻重，因此管子将“爱民”作为施政之本。管子明确指出，治理天下要“始于爱民”，“以人为本”必须要“爱民”。如何“爱民”呢？管子提出：“放旧罪，修旧宗，立无后，则民殖矣。省刑罚，薄赋敛，则民富矣。乡建贤士，使教于国，则民有礼矣。出令不改，则民正矣。此爱民之

① 《管子·霸言》。
② 《管子·君臣下》。

道也”[1]，认为爱民不仅要满足人民的需要，使民富足，还要对人民施以教化，并且慎用刑罚。管子要求，一个好的统治者必须对民众施以教化。《管子·五辅》中记载：“得人之道，莫如利之；利之之道，莫如教之以政。”如果统治者能根据实际情况对民众施以教化，就能够使“田畴垦而国邑实，朝廷闲而官府治，公法行而私曲止，仓廪实而囹圄空，贤人进而奸民退……上下和同而有礼义，故处安而动威，战胜而守固”[2]。另外，管子还提出，“爱民”要求统治者必须慎用刑罚。慎用刑罚，就是要“弛刑罚，赦罪戾，宥小过”[3]，但同时不能没有刑罚或刑罚过宽。唯有如此，才能长远地保护百姓，使“爱民”落到实处。

二、利民

管子民本思想的另一重要内容就是利民。管子强调，治国兴邦，仅仅有爱民之心是远远不够的，还必须要有与其相配套的爱民措施，也就是要利民。利民要求执政者必须切实为民众着想，满足人民群众的物质利益需求。《管子·五辅》曰：“得人之道，莫如利之”，只有利民，满足民众的需要，才能顺应民心，得到民众的拥护和支持，这是一条基本原则。他还指出：“凡众者，爱之则亲，利之则至。是故明君设利以致之，明爱以亲之。徒利

① 《管子·小匡》。
② 《管子·五辅》。
③ 《管子·五辅》。

而不爱，则众至而不亲；徒爱而不利，则众亲而不至。”① 对于民众来说，谁爱护他们，他们就会亲近谁；谁为他们谋利，他们就会拥护谁。因此，英名的君主不仅会给民众利益，以获得民众的支持，还会爱护他们，使他们愿意亲近自己。只是为民众谋利而不去爱护他们，他们即便归附，也不会亲近；反之，只去爱护他们，而不去为他们谋利，那么他们只会表示亲近，而不会来归附。所以说，利民主张不应该是抽象的，而应是实实在在、切实可行的，必须要通过利民来体现爱民，二者相辅相成，缺一不可。将爱民与利民相结合，才能取得良好的效果，才能使利民措施着眼全局，真正实现执政为民。由于执政者身处高位，其利民措施不是指个别行为，而是着眼全局、寓利民于德政之中，因此管子主张兴德政，办实事。在管子看来，国家治乱的根源在于执政者能不能做到利民，所谓“明于治乱之道……其治民也，期于利民而止”②，执政者如果能真正做到与民同利，那么天下就会呈现太平的景象。

三、富民

爱民最终要富民，只有先满足人民的衣食住行需求，其他问题才能谈及。保证了人民的基本生活，国家才能长治久安，社会才能安定团结。《管子·治国》篇说：

---

① 《管子·版法解》。
② 《管子·正世》。

> 凡治国之道，必先富民。民富则易治也，民贫则难治也……民富则安乡重家，安乡重家则敬上畏罪，敬上畏罪则易治也。民贫则危乡轻家，危乡轻家则敢凌上犯禁，凌上犯禁则难治也。故治国常富，而乱国常贫。是以善为国者，必先富民，然后治之。

这是把“民富”和“民贫”作为衡量国家治理是否得当的标准。要治理好一个国家，实现长治久安，“富民”是第一要务，富民和国治在治国过程中具有明确的因果关系。富民是手段，国治是目的，只有富民才能实现国家的大治。所谓“仓廪实则知礼节，衣食足则知荣辱”①，这句话鲜明地体现了管子的富民主张。但必须指出的是，管子的富民其实是为了富国，富民是手段，富国才是目的。所以，《管子·揆度》篇说：“田野充则民财足，民财足则君赋敛焉不穷。”

四、惠民

管子还十分重视社会救济工作，在爱民思想的指导下，提出了一系列人性化的惠民政策。《管子·入国》篇论述了执政者对老、幼、病、独“行九惠之教”的具体措施。例如，赡养老人，对于那些年纪在七十岁以上的老人，规定只有一个儿子的可以免服兵役，国家保证三个月赠送他们一次肉吃；国家在国都和城邑

---

① 《管子·牧民》。

设有管理敬老事务的官员，这些官员要经常教育老人的儿女，要求他们平日孝敬老人，要了解老人的嗜好，认真履行赡养义务；如果百姓家有幼弱儿女，没有能力供养，国家必须给予一定的照顾。同时政府还规定，有三个幼儿的家庭可以免征幼儿母亲的税赋，有四个幼儿的家庭可以免除全家所有妇女的税赋，有五个幼儿的家庭要为其配备保姆。国家在国都和城邑安排管理敬老事务的官员，来监督这些优惠措施的实施。此外，还有“问病”措施，政府在国都和城邑设“掌病”的官吏，百姓有病时，“掌病”要代表国君前去慰问。

此外，《管子·乘马数》记载：“若岁凶旱水泆，民失本，则修宫室台榭，以前无狗后无彘者为庸。故修宫室台榭，非丽其乐也，以平国策也”，意思是说，政府可以采取以工代赈的办法，帮助百姓克服灾荒带来的困难。这些都是重要的惠民措施。在管子看来，要维护国家安定，凝聚人心，实施惠民措施是十分必要的。只有通过赡养老人、抚养幼儿、慰问病人、以工代赈等措施，对民众的关心和爱护，尤其是对弱势群体的爱护才能落到实处。只要百姓安居乐业，国家一定会实现大治。

综上所述，民本思想的贯彻落实首先是要重民，而重民的具体表现则是爱民、利民、富民、惠民，其实质是调整统治阶级与被统治阶级的关系，从而实现国家的长治久安。这就要求统治阶级要和民众融为一体，水乳交融。《管子》一书中把君主和民众的关系作了一个贴切的比喻：“蛟龙，水虫之神者也，乘于水，则神立；失于水，则神废。人主，天下之有威者也，得民则威立，失民则威废。蛟龙待得水而后立其神，人主待得民而后成其威。”① 蛟龙离开了水，就丧失了威力，君主没有了民众的支持，也就丧失了威势。这是以蛟龙和水的关系比喻君主和民众的关系，充分强调了民众在国家兴衰中的巨大作用。

第七节 民本思想的现代启示

经由以上梳理可知，无论是以孔子、孟子为代表的鲁文化还是以姜太公、管子为代表的齐文化，都有丰富的民本思想，且自成系统。他们对民何以为国家之本、民何以比君还重及如何重民、爱民、教民、惠民、利民等问题，都做了系统的讨论和说明，对我们当前的政治建设富有启发意义。当然，齐鲁文化中的民本思想也有其历史局限性。传统的民本思想，本质上是通过施民以恩惠来赢得民心，使百姓拥护统治，避免因生计所迫、走投无路起而造反，其主要目的是为了维护统治的稳固及社会的稳定，所以“为民”只是手段，巩固统治才是目的。这与当前我们党执政为民、人民当家做主的治国理念是有根本不同的。同时，民本思想本质上是让君主“爱民”，即“为民做主”，并不是“由民做主”，所以也与现代的民主有着本质的区别。如果对齐鲁文化中民本思想的积极意义和历史局限都有清醒的认识，就可以取其精华、弃其糟粕，使其为我们当前的

① 《管子·形势解》。

政治建设和治国理政服务。

第一，齐鲁文化的民本思想，对我们坚持历史唯物主义立场，正确认识人民群众的伟大历史作用具有启示意义。漫长的人类发展历史表明，人民群众始终是推动社会历史发展的主体，是社会变革的决定力量，人民群众既是社会物质财富的创造者，也是社会精神财富的创造者。齐鲁文化的民本思想揭示了同样的道理。齐鲁思想家们深刻认识到人民是振兴国家、成就霸业的根本力量，是达到政治稳定、社会发展的根本力量，这无疑是那个时代的理论创新。毫无疑问，人民群众是推动社会发展进步的主体力量。在我国，无论是革命时期还是社会主义建设时期，一切成就的取得都是人民群众发挥了积极性和创造性的结果；当前，建设有中国特色的社会主义也离不开人民群众的支持，人民群众是我国社会主义事业的坚实基础和力量源泉。齐鲁文化的民本思想，对我们牢固树立人民群众创造历史的马克思主义唯物史观，有着极其重要的借鉴价值。

第二，齐鲁文化的民本思想，对于我们党坚持群众路线、坚持为人民服务的宗旨、坚持执政为民的理念具有重要启发意义。齐鲁文化中所倡导的民贵君轻思想和强调执政者一定要重民、爱民、利民、富民的民本思想，与我们党的宗旨和信念是吻合的，对我们今天建设有中国特色的社会主义现代化强国，落实为人民服务的宗旨，树立科学发展观也具有极其重要的启示作用。我们党必须始终代表中国先进生产力的发展要求，代表中国先进文化的前进方向，代表中国最广大人民的根本利益。代表人民的根本利益，就是要以人民的利益为出发点和归宿，这要求我们必须做到立党为公、执政为民。习近平总书记指出："始终坚持全心全意为人民服务的根本宗旨，是我们党始终得到人民拥护和爱戴的根本原因，对于充分发挥党密切联系群众的优势至关重要。我们任何时候都必须把人民利益放在第一位，把实现好、维护好、发展好最广大人民根本利益作为一切工作的出发点和落脚点，诚心诚意为人民群众谋利益。"[①] 今天，我们要透过齐鲁文化的民本思想，进一步充实和印证我们党的基本纲领和基本路线，做到始终代表人民的根本利益，重视人民群众的伟大作用，制定有利于人民群众的方针政策，最大限度地赢得人民群众的拥护，充分调动人民群众的积极性，使其以更大的热情投入到中国特色社会主义建设伟大事业中来，共同为实现中华民族伟大复兴的中国梦而奋斗。

第三，齐鲁文化的民本思想，对于我们坚持以人为本，牢固树立科学发展观，努力实现全面建成小康社会的宏伟目标具有重要启示意义。齐鲁文化的民本思想坚持尊重人民、关爱人民的立场，直到今天都具有进步意义。齐鲁文化的民本思想虽然与我们党提出的"以人为本"观念有根本性的区别，但它把以人为本看作是巩固统治、实现国家富强的根本，其对人的作用、价值的重视和肯定仍对我们具有启发意义，对于深入理解我们党"以人为本"的执政理念很有帮助。我们要坚持"以人为本"的发展理念，从人民群众的根本利益出发谋发展、促发展，不断满足人民群众日益增长的物质文化需要，切实保障人民群众的经济、政治、文化和生态权益，让发展的成果惠及全体人民。特别是，齐

① 习近平：《始终坚持和充分发挥党的独特优势》，《求是》2012 年第 15 期。

鲁文化的民本思想包含着一项极为重要的内容，即强调对民众进行道德教化，这一点对我们全面理解实现中华民族伟大复兴中国梦的内涵，推进中国特色社会主义先进文化建设，培育践行社会主义核心价值观及建设社会主义道德体系，实现社会和人的全面发展，都具有重要意义。

第四，全面认识齐鲁文化中民本思想的积极意义和历史局限性，可以更好地推进中国特色社会主义建设。其一，要加强经济建设，不断提高人民的物质生活水平。这就要求在以人为本发展理念的指导下，大力发展国民经济，实现经济的转型升级，增加人民收入，使人民富起来。与此同时，兼顾社会公平，缩小城乡差距，防止贫富两极分化，关注弱势群体，保护弱势群体的利益，建立和完善社会保障体系和制度。其二，在执政观念、治国方式等方面进行系统改革，在制度上确保人民真正实现当家做主的政治权利。为保障人民当家做主权利的实现，应吸取传统重民思想无制度保障的教训，坚持和完善人民民主专政制度、人民代表大会制度等社会主义基本政治制度。其三，要加强思想道德建设，提高执政者的道德修养，重视执政者的榜样表率作用。为政者是全社会的表率，如果执政者腐败堕落、失德失礼，必然会导致社会风气的败坏。因此，应加强各级干部的思想道德建设，使其树立正确的世界观、价值观、人生观和权力观，转变执政观念，消除权力本位意识和特权思想，树立全心全意为人民服务的“公仆”意识。要针对党内的腐败现象和不正之风，加强反腐力度，坚持立党为公、执政为民、清正廉洁，保持党的先进性和纯洁性，为全社会树立起模范带头作用。

第二章 仁政学说

仁政学说是齐鲁文化政治思想中另一具有重要特色和历史影响的思想观念。仁政学说的核心观念是仁爱百姓，这是民本思想的自然延伸。民为国家之本，当政者自然要仁爱百姓。仁政学说几乎是伴随着民本思想发展起来的，但是它的正式形成则归功于儒家学派创始人孔子。概言之，西周时期的嫡长子继承制的确立和士大夫阶层的崛起，引导了当时政治观念和道德意识的重大发展。嫡长子继承制中内含的亲亲、尊尊、贤贤等思想，成为古代政治观念的基本内容，也成为儒家仁爱思想的重要来源。到春秋战国时期，随着中国人文意识的觉醒和“士”阶层的产生，中国古代政治思想逐渐摆脱了神权至上观念的束缚，产生了“民贵君轻”“民为邦本”等珍贵的政治思想。此后，中国“以人为本”和“民为邦本”的政治观念与仁爱观念相辅相成，形成了以“仁政”为核心内容的政治思想。

孔子、孟子是齐鲁文化的重要代表。仁政学说的提出与发扬，主要是由孔子、孟子等儒家学者来完成的。可以说，齐鲁文化的仁政学说由孔子开其端，孟子集大成。下文分别对孔子、孟子的仁政学说做一简单介绍。

第一节　孔子的仁政思想

一、孔子对仁政的追求

孔子虽然没有直接使用过“仁政”一词，但其倡导的德政充满了仁政理想，说孔子是儒家仁政学说的创立者并不为过。春秋时期，周天子权威衰落，周王朝所设立的礼仪制度不断遭到破坏，出现了“天下无道”的情形。在这种情形下，孔子将构建“天下有道”的理想社会作为自己一生追求的目标。在孔子看来，实现天下有道的方式就是实行仁政。为此，孔子放弃了“不仕无道”的原则，而努力尝试与无道的当政者进行政治合作，以期通过劝导他们推行仁政，建立天下有道的理想社会。鲁国“三桓”以卿大夫身份把持鲁国国政，甚至僭用周天子之礼，孔子对其加以严厉批评。然而为了实现自己的仁政理想，孔子又不得不接近

“三桓”。“三桓”中的季康子曾问政于孔子：“使民敬、忠以劝，如之何？”孔子答：“临之以庄，则敬；孝慈，则忠；举善而教不能，则劝。”[①] 孔子不仅自己接触当政者，还向“三桓”推荐自己的弟子，希望他们能通过“三桓”入仕。如孔子说：“由也，千乘之国，可使治其赋也……求也，千室之邑，百乘之家，可使为之宰也……赤也，束带立于朝，可使与宾客言也”[②]，向“三桓”推荐子路、冉求、公西赤三个弟子。孔子不失乐观地表示：“苟有用我者，期月而已可也，三年有成”[③]，他相信根据他的仁政理想所构建的大同社会定能实现。然而现实中，孔子一生周游列国传播自己的仁政学说，却屡屡碰壁。即使如此，孔子仍坚信能够改变现实中的无道政治，最终建立理想的社会秩序。此外，孔子的仁政思想，也包含了他对百姓的深切同情。《礼记·檀弓下》记载：

> 孔子过泰山侧，有妇人哭于墓者而哀。夫子式而听之，使子路问之，曰：“子之哭也，一似重有忧者。”而曰：“然。昔者吾舅死于虎，吾夫又死焉，今吾子又死焉。”夫子曰：“何为不去也？”曰：“无苛政。”夫子曰：“小子识之，苛政猛于虎也！”

这则故事是说，孔子路过泰山时遇到妇人在墓边哭泣，了解

---

① 《论语·为政》。
② 《论语·公冶长》。
③ 《论语·子路》。

到妇人的丈夫、儿子等先后被老虎吃掉，孔子好奇地问："那你为什么不离开呢?"妇人回答道："这里没有苛酷的统治。"于是孔子对他的学生感叹道："你们要记住，苛酷的统治比老虎还凶猛啊!"孔子通过评论普通百姓的遭遇鲜明地表达了对苛政的批判态度，并主张用仁政取代苛政，救民于水火。

二、孔子仁政的内涵

"仁"是孔子整个思想体系的核心。"仁"基本的内涵是"爱人"，如"樊迟问仁。子曰：'爱人'"[①]。当然，孔子所说的"爱人"首先是爱自己的父母亲人，是一种亲亲之爱和孝悌之情。但孔子强调孝亲爱亲只是"为仁之本"，是实现"仁"的根本途径，"仁"的实现是要由"己欲立而立人，己欲达而达人"[②] 的行"仁"方式，将爱人的情感推扩出去，最终实现"泛爱众"。这一立场落实到现实政治层面，就是要求统治者要怀有仁爱之心，去关爱自己的百姓，不但让老百姓丰衣足食，而且让他们明白做人的道理，最终实现"老者安之，朋友信之，少者怀之"[③]的社会理想，或说建立和谐有序的大同社会。这也是孔子仁政学说的基本内容。

就推行仁政的方式而言，孔子强调，统治者要进行道德修养，一方面通过道德修养彰显自己的仁爱之心，以此仁爱之心关

① 《论语・颜渊》。
② 《论语・雍也》。
③ 《论语・公冶长》。

爱百姓，让百姓衣食富足；同时通过自我道德修养做出表率，以影响和感化百姓，使百姓形成道德自觉，并适当运用刑治，对不服从教化的人进行惩戒，使社会中人人能和谐相处，进而建立天下归仁的大同社会。孔子的仁政学说落实了其“仁”的理念，体现了孔子的最高政治理想和对美好社会的向往。

三、仁政的实施

孔子的仁政思想虽然包含着政治、制度、用人等各方面的内容，但归结为一个核心，就是“仁者爱人”。孔子说：“古之为政，爱人为大。”[①] 在孔子看来，君主要做到“爱人”，首先要有“博施济众”之心。

（一）博施济众

《论语》记载：“子适卫，冉有仆。子曰：‘庶矣哉！’冉有曰：‘既庶矣，又何加焉？’曰：‘富之。’曰：‘既富矣，又何加焉？’曰：‘教之。’”[②] 孔子提出治理国家的顺序是“庶之”“富之”“教之”，可见在孔子看来，教化百姓之前，首先要让他们的物质生活丰富起来。因此，为政者首先须“博施济众”以富其民。

第一，要重视农业，开源节流。孔子说：“道千乘之国，敬事而信，节用而爱人，使民以时。”[③] 春秋战国时期，中国处于以

---

① 《礼记·哀公问》。
② 《论语·子路》。
③ 《论语·学而》。

农业为主要产业的农耕社会，农业兴盛是富民强国的基础。因此，孔子强调为政者务必重视农业发展，为百姓的耕作提供最大的便利条件——“使民以时”，即让百姓能够按照农时进行耕作，这样便能为民开源；对百姓的劳动成果要“节用”，即为政者自身要节约用度，并以此引导百姓节约用度，这样便能为民节流。开源节流，双管齐下，以此富民。

第二，赋税要轻重适度。对赋税征收的问题，孔子有自己独到的看法。《国语》记载：

> 季康子欲以田赋，使冉有访诸仲尼。仲尼不对，私于冉有曰：“求来！女不闻乎？先王制土，籍田以力，而砥其远迩；赋里以入，而量其有无；任力以夫，而议其老幼。于是乎有鳏、寡、孤、疾，有军旅之出则征之，无则已。其岁，收田一井，出稯禾、秉刍、缶米，不是过也。先王以为足。若子季孙欲其法也，则有周公之籍矣；若欲犯法，则苟而赋，又何访焉！”①

季康子打算按田亩增加田赋，派冉有征求孔子的意见。孔子不作正面答复，却私下对冉有说，周公按照土地的肥瘠分配土地，按照劳力的强弱征收田赋，并根据土地的远近对田赋加以调整；按照商人的利润收入征收商税，并估量其财产的多少来对商税加以调整；按照各家男丁的数目分派劳役，还要照顾那些年老

---

① 《国语·鲁语下》。

和幼小的男子，有战事时才征召他们，无战事时就免除。有战事时，每一井田要出一稯粮、一秉禾草、一缶米，不超过这个标准。可见，孔子对周公所制定的赋税制度十分推崇，他认为为政者应像周公那样，根据百姓的具体情况征收赋税，如此才能解决社会财富分配不均的问题，保护人们的生产积极性，使百姓富裕起来。

第三，富民要以义为尺。在义利关系上，孔子认为应该“因民之所利而利之”①，要求君子把公众的利益作为自己的利益，当个人面临义和利的冲突时，不可违背道德规范去追求私利，而应做到“见利思义”，“义然后取”。“富与贵，是人之所欲也，不以其道得之，不处也；贫与贱，是人之所恶也，不以其道得之，不去也。君子去仁，恶乎成名？君子无终食之间违仁，造次必于是，颠沛必于是。”② 孔子把仁的内在道德要求和礼的外在道德要求都具体化为义的实现标准，要求人们能够正确处理义和利的关系，以义作为取利的标准，反对那种见利忘义的不道德行为。

通过实施一系列“博施济众”的富民政策，百姓的物质生活必然会有一定的保障，在此基础上再对其施行教化，就可以定国安邦了。

（二）为政以德

孔子深深地认识到，单纯以强制性的刑罚治理国家，虽然可以暂时抑制百姓的恶习，但是无法从根本上消除违反道德、法律

---

① 《论语·尧曰》。

② 《论语·里仁》。

的行为，而且刑罚严苛也无法深入民心，因此施行道德感化和礼乐教化，并结合刑罚予以惩戒，才是治国的最有效方法。因此，他力倡“为政以德”。

第一，为政者要以德正身，为百姓起到表率作用。“其身正，不令而行。身不正，虽令不从。”[①] 孔子认为，君主的行为对臣民有着巨大的影响，臣民是否服从统治取决于君主是否具有德行。在季康子问孔子“如杀无道以就有道，何如”时，孔子说：“子为政，焉用杀？子欲善而民善矣。君子之德，风；小人之德，草；草上之风，必偃。”[②] 这里的“君子”指的是为政者，而“小人”指的是普通百姓。孔子用“风”和“草”分别比喻“君子之德”和“小人之德”，风吹过时，草必然会随风倾倒，也就是说，为政者的嘉言懿行必将如同“风”对“草”的影响那样影响百姓的德行，这比杀掉无道之人更有用。

同样，《中庸》中也有记载：“哀公问政，子曰：‘文武之政，布在方策。其人存，则其政举；其人亡，则其政息。天道敏生，人道敏政，地道敏树。夫正也者，蒲卢也。故为政在人，取人以身，修身以道，修道以仁。’”可见，孔子认为君主为政在于得人，而得人之道在于君主以仁德修身。孔子在继承西周“德”的观念基础上，进一步发展了春秋以来“仁”的思想，提出了君子“修己安人”之道。孔子的“修己”是“依于仁”而“据于德”的，因此“修己”的方式和规范是仁德精神的具体体现。至于孝

① 《论语·子路》。
② 《论语·颜渊》。

悌、忠恕等“安人”的具体规定，更离不开“仁德”精神的引导。

第二，为政者在施政的过程中，要注重用德来引导百姓为善。孔子说：“道之以政，齐之以刑，民免且无耻；道之以德，齐之以礼，有耻且格。”① 意思是为政如果仅仅依靠法治，人们就会“免而无耻”——以免遭刑罚为尺度行事，却没有羞耻心；而为政如果建立在“德治”的基础之上，人们就会“有耻且格”——有羞耻心，以追求善心为尺度去行事。用道德去感化人，同时用“礼”来约束人，这样，人们就能明辨是非，并且知道违反道德的可耻之处。如此一来，即使没有外界强制，人们也不会去做违反道德的事，自然会出现“为政以德，譬如北辰，居其所而众星共之”② 的局面。

第三，“为政以德”落实到政治制度方面，就是要依礼行事。在孔子看来，“礼”是“仁”的外在表现，做人必须要依礼而行，以“非礼勿视，非礼勿听，非礼勿言，非礼勿动”③ 为外在规范和行为指导，所以他力主恢复周礼。周礼中的许多内容都涉及制度层面的规定，如孔子所说的“君君，臣臣，父父，子子”和“不在其位，不谋其政”等，都要求人们承担与各自社会角色相对应的责任和义务，在日常生活和政治事务中依礼行事。各司其职，各尽其分，便可以称为“忠”，而“忠”就是“仁”的具体表现之一，道德原则就这样通过“礼”的方式延伸到政治生

① 《论语·为政》。
② 《论语·为政》。
③ 《论语·颜渊》。

活中。

第四，选贤举能，发挥德才兼备之贤人在治国中的重要作用。孔子在不同场合多次表示，为政者要任用贤才，充分利用其在政治生活中的道德影响。《论语》记载："哀公问曰：'何为则民服？'孔子对曰：'举直错诸枉，则民服；举枉错诸直，则民不服。'"[①] 孔子认为，为政者只有任用正直的贤才，舍弃邪曲的小人，百姓才会心甘情愿地服从管理。樊迟问仁和智时，孔子说"仁"就是"爱人"，"智"就是"知人"，樊迟不明其意，孔子又补充说"举直错诸枉，能使枉者直"[②]。意思就是说，任用正直的贤良之才，舍弃邪曲的奸佞小人就是知人善任，就能称为"智"；知人善任便会使邪曲的人改邪归正，这就是"爱人"的一种方式，也就能称为"仁"。选出贤才之后，这些人要能够以自身的仁德感化百姓，通过对百姓进行道德教化来实现个人与社会的完善，也就是做到内圣外王，从而实现天下太平，实现大同社会的理想。由此可见，选贤举能、知人善任是"为政以德"的一个方面，也是施行仁政的方式之一。

第五，百姓的"孝""悌"等有德之行，也是"为政以德"的一部分。"或谓孔子曰：'子奚不为政？'"子曰："《书》云：'孝乎惟孝，友于兄弟，施于有政'，是亦为政，奚其为为政？"[③] 人的孝悌之行能够潜移默化地影响身边的人，因此在家庭中行孝悌之事也被看作是参与政治的一种形式，因此行孝悌本身就是在以德"为

① 《论语·为政》。
② 《论语·颜渊》。
③ 《论语·为政》。

政”。

总之，孔子的仁政思想主张“养民”“教民”“治民”相结合。“养民”就是使人民富裕，主张对人民应该“富之”，使其衣食丰足，同时要做到取信于民；“教民”指要教化民众，使人民懂得礼仪，以保障社会秩序的稳定；“治民”指通过以上手段最终实现天下为公的大同理想。孔子的仁政思想继承并发扬了中国远古以来的德治传统，进而发展为一种更具人文精神的政治理想。在后来的历史发展中，这种仁政理想逐渐演变成为一种普遍的伦理道德学说，成为中华民族传统文化的主要内容之一，对后世社会产生了重大而深远的影响。

第二节　孟子对仁政的探索和追求

孟子继承了孔子仁爱百姓的思想，第一次明确提出并系统阐述了仁政思想。作为继孔子之后的又一位大儒，孟子对苛政暴政深恶痛绝，他认为：“庖有肥肉，厩有肥马，民有饥色，野有饿莩，此率兽而食人也。兽相食，且人恶之，为民父母，行政不免于率兽而食人，恶在其为民父母也？”[①] 他把统治手段分为两种，一是霸道，二是王道。他说：“以力假仁者霸，霸必有大国；以德行仁者王，王不待大”，“以力服人者，非心服也，力不赡也；

---

① 《孟子·梁惠王上》。

以德服人者，中心悦而诚服也，如七十子之服孔子也”。[①] 因此，他极力主张统治者要做到“施仁政于民，省刑罚，薄税敛”[②]，否则会导致“暴其民甚，则身弑国亡”[③]。

一、孟子仁政思想的基本内涵

孟子十分强调仁政，滕文公曾问孟子：“我们滕国是个小国家，处在齐楚两个大国之间，是亲近楚国好呢，还是投靠齐国好呢?”孟子回答：“我并不善于做这样的谋划，这也不是我所能做到的。我可以做到的唯有一点，便是与人民一起，修高城墙，挖深护城河，誓死而不离去地保卫国家。”可见孟子所关心的都是仁政方面的问题，而不是去考虑小国应该如何侍奉大国的具体问题。不要说是在齐、楚之间摇尾乞怜，即便是有关诸侯称霸的“齐桓、晋文之事”，孟子都不屑提及。

孟子阐述仁政的基本内容，主要体现在六个方面：一是仁政反战、王道治国；二是国家的臣民要有基本的生存能力；三是主张孝悌和教化；四是降低百姓赋税；五是禁止奢靡浪费；六是遵从时节规律，让农民得以生产。孟子的仁政主张是在继承和发扬孔子“仁者爱人”的理论基础上提出的，他希望通过仁政的实施来实现统一天下的理想。他结合所处的时代背景、社会现实，从人性出发，在社会政治生活中融入儒家伦理道德，提出了一系列

① 《孟子·公孙丑上》。
② 《孟子·梁惠王上》。
③ 《孟子·离娄上》。

具体的政治策略。他认为，“天下之本在国，国之本在家，家之本在身”①，把道德伦理和政治统治紧密结合，将国家、家庭、个人三者看成相互联系的有机整体，强调搞好政治的根本是提高自身的道德修养，并具体落实在行动上，因为只有思想行为统一，才能真正体现儒家关于仁政的基本方针。

孟子对仁政所构建的理想社会进行了描绘，他说：

> 五亩之宅，树之以桑，五十者可以衣帛矣。鸡豚狗彘之畜，无失其时，七十者可以食肉矣；百亩之田，勿夺其时，数口之家可以无饥矣；谨庠序之教，申之以孝悌之义，颁白者不负戴于道路矣。七十者衣帛食肉，黎民不饥不寒，然而不王者，未之有也。②

这是孟子仁政主张最终实现的一种理想画面：不违农时，遵守规律，老有所养，自给自足。从孟子的描绘中不难看出，他的仁政思想极为重视百姓，强调让百姓丰衣足食才是行王道的开端。

就心性论而言，孟子坚持人性本善的“性善”论。为了更好地实行仁政，他要求统治者减轻赋税，固定“恒产”，赋予老百姓土地使用权。此外，他还建议恢复井田制，“方里而井，井九百亩，其中为公田。八家皆私百亩，同养公田，公事毕，然后敢

① 《孟子·离娄上》。
② 《孟子·梁惠王上》。

治私事”[1]。按照“井”字形把田地平均分成九块，每块田地一百亩，总共九百亩，井字形最中心一百亩田地是公田，而其余八块作为私田分给百姓。百姓在耕种私田前，必须先种公田，而种植八块私田的百姓所缴纳的赋税就是公田的产出。孟子将君主的稳定统治和封建社会的小农经济紧密联系在一起，有利于充分保证人民获利并实现富裕。

（一）恒产轻赋，与民同乐

孟子仁政思想旨在让民众安居乐业，并不是让君王享受安逸。一方面，孟子认为，君主要制定合理的政策，以保障百姓的基本生活需求和其他利益。“不违农时，谷不可胜食也；数罟不入洿池，鱼鳖不可胜食也；斧斤以时入山林，材木不可胜用也。谷与鱼鳖不可胜食，材木不可胜用，是使民养生丧死无憾也。养生丧死无憾，王道之始也。”[2] 意思是说，只要耕作不违背农时，粮食就多得吃不完；不用过于细密的渔网在池沼打捞，鱼鳖就多得吃不完；按照季节时令进山林砍伐，林木就会多得用不完。如果粮食、鱼鳖和木材全都用不完，百姓的生养死葬也就都没有了缺憾。生存、死亡都没有缺憾了，这便是推行王道政治的开端，因为百姓服从道德、遵守法规，是以吃饱穿暖为前提条件的。

另一方面，孟子希望通过施行仁政，以经济实力去影响他国，最终实现统一天下的目的。例如在农业方面，孟子主张分给农民一定数量的土地，让其具备最基本的农业生产条件，同时统

① 《孟子·滕文公上》。
② 《孟子·梁惠王上》。

治者要尽量使战争和徭役等避开农时，让农民能够正常从事农业生产。关于减轻百姓的赋税，孟子提出的建议也是颇为新颖的，他要求国君赐予民众土地，并且按照收成十分之一的比例来征税，如若赐予了农民十亩的田地，那么其中一亩的生产所得就要归君主所有，如此不仅可以降低赋税，也可以使民众更好地生存下去。

孟子到滕国，滕文公向他请教如何治理国家。孟子道，其他事情都可以先放一放，唯有老百姓的事情是不能够慢慢来的。老百姓最需要什么？能够长期占有的产业或者不动产，也就是恒产。有了恒产才会有恒心，没有恒产就没有恒心。老百姓如果没有恒心，那就会什么都敢做，甚至拿犯罪也不当回事，到那时候再用刑罚来对付他们，这就是欺骗全国的百姓。哪里会有仁义之人当政却欺骗百姓的呢？所以说，有仁义之心的君主，应该以仁政治国，国家税收应该取之于民、用之于民，还要有节制，要让人民能实现财产和物资的积累。

在这里，孟子反复提到了一个概念——恒产，在“普天之下，莫非王土”的战国时代，土地是归国家所有的，但国家也应该允许百姓们有自己独立的财产所有权。对于梁惠王自认为对百姓尽心尽力，可是人民没有增加，别国君主不如自己用心，人民却也并没有减少的疑问，孟子以打仗为比喻做了回答：有人逃了一百步，有人逃了五十步，逃了五十步的回头嘲笑逃一百步的，这样可以吗？梁惠王说：当然不可以。不管逃了五十步还是一百步，都是逃跑啊！孟子进而说：王啊，既然你懂得了这个道理，怎么还会希望你的人民多于邻国呢？你们对人民的关心，就如同这五十步和一百步，没有太大差别。天地万物，应有尽有，人取之而不尽，但要有度。种田不违农时，才会有吃不完的粮食；让鱼繁衍生息，才能一直有鱼吃；伐木时不忘种植，木材才能够用；为人民养生送死，此为王道之始。

孟子强调君主要为仁义之君，不要为富有之主，不仅要实行仁政，还要有实行仁政的决心和魄力，要让人民富起来，先富之，而后教之。

（二）教化为重，施行王道

孟子还提出“谨庠序之教，申之以孝悌之义”[①]，目的主要在于实行教化，提升民众的素质，通过教化来改变民众的思想，使人们尊崇君主的统治。与此同时，孟子也强调要通过孝悌教育来解决养老问题。教化的实质是改变人们的思想，这也符合当时统治者的统治需求，而孝悌教育在战国时期却少有提及。从孟子对梁惠王所说的“省刑罚，薄税敛，深耕易耨，壮者以暇日，修其孝悌忠信”[②] 来看，孟子不但点出了统一天下的关键所在，而且也提供了解决办法，但梁惠王并没有采纳。

孟子主张通过王道政治实现天下统一，这对维护百姓的利益是有积极意义的。他认为只有拥有统一的国家和政权，老百姓才能够安居乐业。从春秋时期开始的持续不断的战争，早已让无数的百姓流离失所、家破人亡。所以，孟子的和平统一构想也是当时民众所希望的，王道政治也就成了实现社会安定、确保人民幸

---

① 《孟子·梁惠王上》。
② 《孟子·梁惠王上》。

福的关键所在。孟子生活的时代正处于战国中期，对这一时代背景下的人民来说，他们对于战争的厌烦和恐惧早已达到了极致。此时的孟子虽然和梁惠王站在了相同的立场上，但是由于梁惠王更加注重霸权，并没有听从孟子的主张。霸权政治并未对魏国的发展产生积极影响，反而导致了其最终的灭亡。

（三）赈济救灾，敬德保民

在孟子的仁政理论中，赈济灾民也是其中的重要内容。正所谓“仁者爱人”，灾民是需要国家帮助的弱势群体，遇到灾荒之年，减少赋税或者免征赋税就是统治者应该做的事情。纵观中国历朝历代，每个政权都设有相关的赈灾机构。然而在战国时期，各诸侯国由于连年征战，早已无暇顾及其他方面，而国家对灾民的生死毫不在意，这也意味着国君放弃了履行对人民的义务，人民自然不会爱戴这样的君主。

孟子指出：“凶年饥岁，君之民老弱转乎沟壑，壮者散而之四方者……有司莫以告”①，这里孟子主要想表达的是，君主有义务救助自己的臣民，倘若百姓急需帮助，而国君置之不理，最终只会使百姓奔走异国他乡。百姓大量离开自己的国家，本国的军事力量也会因此而衰减变弱。另外，在《孟子·梁惠王下》中，孟子进一步提出：“君行仁政，斯民亲其上，死其长矣。”他认为，如果君主施行仁政，这些百姓就会敬爱他们的君主和长官，情愿为他们献出自己的生命。通过滕文公与孟子的谈话可以发现，滕文公所述为国，孟子所答为民。后者认为国家的基础是人

---

① 《孟子·梁惠王下》。

民，只有在保障人民基本生活的基础之上，一个国家才能够真正实现富强。同时孟子也提到，民众的生活与农业耕作密不可分，保障耕者有田地，就能够让他们真正做到安居乐业；而如果君主施行的是暴政而不是仁政，那么百姓不仅没有恒产，甚至还会不断地被层层剥削，这样一来，人民必然会对君主失去信心，甚至不再服从君主的领导。

孟子的保民思想，见于其与齐宣王的一段对话。孟子到齐国之后，齐宣王便授予他卿职。宣王问：怎样才能成为王者呢？孟子答：保护百姓而称王，其势锐不可当。又问：那先生你看我这样的人，可以算得上是保民的吗？孟子回答道：大王当然可以算了。齐宣王问：先生是根据什么知道我能够保民呢？孟子说：有人跟我讲了一件事。说是一天大王你坐在堂上，有人牵着牛经过堂下。大王你看见了，便问牵牛者要把牛牵到哪里去。牵牛者答道，需要用牛血来祭钟，因此我要去把牛杀了。大王您说，留下它吧！我不忍心看它战战兢兢、无辜而死的样子。牵牛者说道，那就不祭钟了吗？您说，还是要祭钟的，不如换一只羊吧。我想问这事是真的，是吧？齐宣王说：是啊，一点也没错。孟子接着说：有这样的一番用心，你就可以为王了，别人都以为你要换羊是爱惜那头牛才这么做的，而我知道，你那么做是因为不忍心，不忍心就是有恻隐之心，而有恻隐之心就是有仁心的体现。牵牛过堂，本来并没有那么深的含义，经孟子这样一番论述，却也变成了宣扬仁政的一个话题。

二、孟子仁政思想的实质及其评价

综合以上措施来看，孟子所提出的种种仁政措施，无不着眼于一个“仁”字。所谓仁政，即首先要为百姓着想。孟子提倡王道，认为应以王道为核心，同时实施仁政，这样为政者一定会深受爱戴，国家也会兴盛壮大。孟子对于仁政阐述最为深刻，他认为君主如果不能施行仁政，便会造成“天子不仁，不保四海”[①]的后果。即便孟子已经向君主深刻阐述实行仁政之利害，但当时的各国统治者还是不可避免地过多注重战争。《孟子》中对于战争问题也有所说明：“君子不行仁政……罪不容于死。”[②] 孟子对于战争一向表示反对，他对战争造成的后果深恶痛疾，其反对之情溢于言表。从这里我们可以说，孟子的仁政学说可谓是封建时代尤其是纷乱不休的战国时期最为宝贵的一种政治理论。

当然，与此同时，也应注意仁政思想提出的时代背景和特定目的。孟子建议各国君主实行仁政的主要目的，是为了使君主巩固自己的统治。而且，孟子的仁政虽主张减轻人民的负担，但他也认识到，减轻人民的负担是要有一定限度的，这个限度取决于统治者的根本利益是否能够得到保证。因此，孟子主张的“重民”实质上是实行仁政的手段，而并非实行仁政的目的。这些都表明，孟子的仁政思想或多或少都有一些阶级局限性和消极的方

---

① 《孟子·离娄上》。
② 《孟子·离娄上》。

面。与此同时，孟子亦对统治者进行引导劝告，建议君主不要逞欲暴虐，奢华淫逸，而要有所克制节制；要“博施济众”“节用爱人”“使民以时”，还要轻徭薄赋，减轻百姓的负担，使百姓能够生活下去。同时，孟子反对不教而诛，专以严刑酷法治民，而主张以德教民，以德化民。这些都是和人民的利益相一致的，体现了人民的诉求，是有其历史进步意义的。

第三节　仁政学说的现代启示

习近平总书记指出，中国共产党治理国家要学习古人，做到“政得其民”，也就是要实行仁政。仁政是中国传统政治哲学的核心理念，“天下为公”是仁政的最高价值追求，“仁者无敌”是推行仁政的坚定信念。领导者以身作则、率先垂范，是实现仁政的关键；选贤任能、讲信修睦，使人各尽其才，是实现仁政的重要条件；体察民情、顺应民意，是实现仁政的根本途径。仁政思想内在地包涵着“天下为公”“和而不同”“自强不息”“仁者无敌”等深厚的思想文化的底蕴。这些内涵在历史上就表现为人民群众是历史的创造者，人民塑造和拥戴具有“圣贤气象”的精神领袖，同时历史人物积极顺应民众期望，精英阶层主动亲近黎民百姓，这二者的双向良性互动塑造了中国独特的政治模式——仁政。与这一政治模式相关的价值观念、思维方式、心理期待，至今仍深刻地积淀于中国的深层社会结构和民众潜意识之中，影响和制约着中国政治和社会的现代化进程。

在新的时代背景下，党的“四个全面”战略布局和全面建成小康社会目标的提出，开拓了马克思主义政治和社会发展学说的新境界，也为传统政治哲学的现代化转型指明了方向。要实现国家和社会的长治久安，必须坚持以马克思主义为指导，立足现实国情和民族文化传统，巩固全社会的和谐统一，逐步确立融民族性和现代性于一炉、符合实际需要、更加完善的政治结构和文化结构。在社会文明与进步发展到全球一体化的今天，儒家文化也需要充分吸取现代文明的营养，从而与时俱进。儒家的仁学思想博大精深、内涵丰富、影响深远，必然在当前的政治建设中发挥巨大作用。

仁政的基本要求是政治清明。政治清明要求政府令行禁止、法度严明。法律、制度是国家制定的用以约束个人和政府的强制性约定。个人应当主动服从法律制度的约束，这既是个人德行的体现，也是法律制度强制性的要求；同时，政府也应当接受法律制度的约束，这既是法律制度强制性的体现，也是政府责任的体现。一个有责任的政府，必须主动接受现行法律制度的约束，严格依法办事。无论孔子还是孟子，都主张用礼法对政府官员进行约束，因为如果不进行约束，官员便有可能利用国家权力鱼肉百姓。在先秦儒家政治思想里，礼法不仅是育民、教民、治民的手段，也是治官的手段。健全国家的法律法规，减少政府官员的自由裁量权，努力使各级政府官员做到有法必依，在政令上做到上通下达，严格落实中央决策，是我国现阶段政府改革的一个重要方面。欲达仁政，必须以法度严明为基础。

官员清廉是推行仁政的前提条件。有效预防腐败、取信于民，与党和国家的事业关系甚大，直接影响着我国政府的公信力。清廉的官员是政府的脸面，脸面不洁何以示人？孟子讲："西子蒙不洁，则人皆掩鼻而过之。"[①] 党的十七大报告指出：中国共产党的性质和宗旨，决定了党同各种消极腐败现象是水火不相容的。坚决惩治和有效预防腐败，关系人心向背和党的生死存亡，是党必须始终抓好的重大政治任务。能否抓好反腐倡廉是关系到党生死存亡的大事，过去要抓，现在要抓，将来仍然要抓。这对党和政府来讲关系生死存亡，对人民来讲则是党和国家责任的体现，所谓"一人贪戾，一国作乱"[②]，当政者修养问题的重要性可见一斑。

实施仁政的同时要注重责任担当。推行仁政的政府必然是一个有责任的政府。就主动责任来讲，各级政府官员接受了某个政府公共职务，便同时要承担相应的法定责任，这就是我们一直强调的权责对等原则。先秦儒家政治思想家们非常关注这一点，他们认为，为政者必须如父母般对待自己的民众，保民、养民、富民甚至引导民风、民俗都是为政者的责任。《论语·尧曰》言："朕躬有罪，无以万方，万方有罪，罪在朕躬。"而作为当代政府履职人员，必须认真履行相关法律法规规定的责任，否则就是失职，就应当承担法律责任。责任型政府的重要表现之一，就是与

① 《孟子·离娄下》。
② 《礼记·大学》。

民有信。政府为巩固自己的合法执政地位，可以采取各种各样的手段和方式，衡量这些做法是否恰当的一条重要标准是公民对政府公信力的判断。先秦儒家政治思想里的仁政思想，首要一点就是要求与民有信。孔子认为食、兵、信三者都很重要，但最重要的一条是“信”。“自古皆有死，民无信不立”①，也就是说，孔子认为“信”极为重要，关系到政权统治的基础，也就是仁政理论里所强调的政治合法性问题。仁政的程度越高，政权合法性越大。

推行仁政的政府必然是一个为人民服务的政府。良好的行政服务是政府责任的又一重要体现。政府工作人员由财政供养，财政取之于民，为人民服务是理所应当的。但是，一些政府部门在落实国家政策时也存在一些偏差，如人民最关心、直接影响人民利益的问题长期不能得到解决，这些都是今后改革需要注意的。

① 《论语·颜渊》。

第三章

礼法合治

一般认为，“礼法合治”代表着儒家治国理政思想。不可否认的是，这个思想有一个不断发展的历程，换句话说，这个“合”是后期的成熟形态。“礼法合法”不是说礼与法处在同一地位，而是强调以“礼”为主，以“法”为辅；所谓的“合”，强调的只是不废“法”，也就是不放弃使用法律或者刑罚。

儒家强调道德教化，更倾向于“以德去刑”的治国策略，然而，儒家的德刑观并不只此：德的有效性依赖于礼，礼的有效性依赖于刑（法），“德刑”观虽然以德为主，但实质上是离不开法的。

“礼”与“德”既相互联系又有所区别。首先，儒家的“礼”是与“德”相区别的。“礼”不是“德”，虽然“德”是“礼”的基础，但是“德”更多是指“情”的一种外在表现，“德”与“行”是分不开的，“德”通过“行”体现了其存在的意义与价值。孔子说：“始吾于人也，听其言而信其行；今吾于人也，听其言而观其行。”① 他从前听了别人说的话，就会相信其行为；但是，后来不再轻信他人说的话，而是要观察其行为。可见，孔子十分看重一个人的行为，因为人的行为是一个人是否具有德行最为直接的表现。而“礼”与“德”这种无形的精神不同，它代表的是一种实体制度。也就是说，“礼”的呈现方式并不是像“德”那样，只是存在于生活中的一种行为，而是以一种系统化、理论化的方式落实到文字上的一种条约性的规定。其次，二者又是相互联系的。儒家一般主张“礼”是“称情而立文”，认为“礼”是起源于人最真实的感情的，是当下真情流露的外在规定性，这也就是所谓的人的最本真的自然情感中先天蕴含着的道德伦理的全部规定性。而“德”也是人内在真实感情的行为化，“乍见孺子将入于井，必有怵惕恻隐之心”②，这种恻隐之心是人当下的真实情感，就如任何人见到小孩快掉到井里，都会产生上前救助的想法。当这种真实感情的冲动外化为救助的实际行动的时候，便产生了“德”。由此可见，道德也是人最为本真的情感表现，换句话说，“礼”与“德”都是“情”的产物。

① 《论语·公冶长》。
② 《孟子·公孙丑上》。

“礼”与“法”也存在着区别。儒家对“礼”极为重视，孔子一生的理想就是复兴周礼。而在崇“礼”的同时，儒家亦不废“法”。“礼”虽然在约束力上与“法”相似，都包含着对个体行为的约束和规范，但是“礼”与“法”制约的对象是不同的。“礼”约束的是人们的日常行为，只是一种规矩；而“法”约束的则是犯罪行为，是一种强制性规定。也就是说，“礼”处在德与刑之间，弥补了二者之间的空白地带——这个地带，德有力却不容易发出，刑（法）又不能干预（刑是针对犯罪行为的，但是有些行为是灰色的）。至此，儒家便构建了一个由“德”到“礼”再到“法”的系统，“礼”是中间的管理者，而“法”则为道德精神内容向现实的有效转化提供了保证。换句话说，儒家的“德”或者“德政”不是靠“德”单一而行，而是用“礼”做保证、以刑（法）为后盾的，也正是在这个意义上，我们将其概括称为“礼法合治”或“德主刑辅”。

在儒学的发展过程中，各家各派都对“礼法合治”的命题有过大量论述。齐鲁文化的代表人物如周公、孔子、孟子、荀子等，也对这一思想进行了各自的阐发，并推动了这一思想由萌芽走向成熟。

周公提出的“明德慎罚”思想奠定了中国古代政治思想的基本脉络。其后的孔子、孟子乃至荀子基本上都是沿着“德”与“刑”并施的思路，发展着这一思想：一方面提倡重德，另一方面主张慎罚。需要注意的是，孔子的治国思想已经与周公有了一些不同，这主要体现在“德”与“刑”的地位上：周公主张的“德”与“刑”，二者是齐头并进的，没有主次之分；然而，孔子则主张“德主刑辅”。所谓的“主”指的是主导，“辅”则是辅助。也就是说，孔子的思想中突出了德治的地位，更加强调统治者的德行对于政治稳固的重要作用，但是同时也不主张废刑。孟子继承了孔子的基本观点。荀子作为儒家学派的代表人物，其礼法思想较孔子而言并没有本质的不同，只是在强调“德”的同时，也突出“法”（刑）的地位，强调“礼法合治”。这些主张本质上也是以各自的人性学说为基础的，下面我们就分别展开叙述。

第一节　礼法合治思想的起源与萌芽

礼法合治思想源于西周的“明德慎罚”思想，而西周的这一思想，则来源于黄帝时代以德为主、德刑相济的治道观念。周公提出的明德慎罚思想，成为西周统治者一以贯之的指导思想；后世倡导的“德主刑辅”，就是西周明德慎罚思想的发展和深化。

一、礼法合治思想的起源

传说中黄帝是十分重视德治的。虽然在黄帝时代并没有明确的“德”的意识，但作为部落首领，黄帝被推荐的首要原因就是德行甚佳。传说黄帝在其十岁时，就立志要对神农氏不以德治天下的做法进行改革，据《鬻子》说：“黄帝十岁，知神农之非而改其政。”这只是黄帝对神农氏治下社会状态不佳的一种直觉，至于神农氏到底有哪些“非”，如何“改”，用什么“改”，并没有现成的答案。于是，黄帝四处求学，多方进行调查研究，经过长时间的观察思考之后，才有了一些明确的认识，其云：“予居民上，摇摇恐夕不朝至，惕惕恐朝不及夕。兢兢栗栗，日慎一日，人莫踬于山而踬于垤。”黄帝在出任部落首领以后，常怀惶恐之心，战战兢兢地工作，谨慎地度过每一天。黄帝如此如履薄冰，可见其对于人民的责任心之重，而这种责任心正体现了黄帝的道德精神。又《云笈七签》说：“（黄）帝理天下十五年后，忧念黎庶之不理，竭聪明，进智力，以营百姓，具修德也。考其功德，而务其法教。”也正是依靠以德施治、以德为政原则，黄帝得到了其他许多部落的信赖和拥护，许多部落纷纷前来归附黄帝的部落，黄帝的声威也不断显赫。

涿鹿之战虽然是黄帝武力征服的体现，但这是黄帝在迫不得已的情况下采取的非常战术，战争以黄帝取胜告终。对于蚩尤的部众，黄帝采取了截然不同的策略：对于善良之人，则将他们迁到富饶的“邹屠之乡”；对于不善良的人，则将他们迁到北方的不毛之地。这也从侧面体现了黄帝以德服人、德刑兼顾的理政方式。

由此可见，黄帝时代以德为主的德法（刑）兼治观念已经孕育在原始的治道之中，并且产生了良好的社会效果。

二、周公的“明德慎罚”思想

“礼法合治”思想萌芽于西周的“明德慎罚”思想。最早提出“明德慎罚”思想的是西周的统治者周公旦。“明德慎罚”

在西周整个统治时期内是一以贯之的指导思想，这一思想的提出与西周的历史发展密切相关。周灭商之后，出于对其立国之现实境况的考量和对历史经验的反省，周公提出了“明德慎罚”的治政主张。

首先是“明德”。周以前，民众大多对“德”的概念没有明确的意识，社会行为大多以卜筮之术来解释。虽然不乏有德行的圣人如尧、舜、禹，但是尧、舜之类的人并无道德的自觉，对于卜筮之术的依赖，使得其行为性质多取决于巫祝对卜筮结果的解释。周灭商后，民众对原先由天保证王命的惯性思维产生了怀疑，逐渐意识到，原来王朝并不是一直永续传承下去的，统治者的德行才是使统治延续下去的保证。除此之外，周人还意识到，人的实际生存境况取决于其实际的行为；对行为的指导也依赖于人的智慧判断，占卜的结果实际上亦依赖于占卜者的解释。由此，人们逐渐产生了对人之理性及其行为意义的自觉，这种对人之理性的反省落实到实际行为，则表现为一种由民情见神意的观念。

《尚书·泰誓》曰：“民之所欲，天必从之。”“天视自我民视，天听自我民听。”也就是说，周人很重视民意，重视民众的意愿，认为民众的意愿可以影响天的意愿，而作为行为成功的保证，天便被赋予了民情或者民意的含义。从这个层面上说，王朝是否永续，其决定因素便归结于民众。

道德观念起源于人对自身行为和责任的自觉。而周人的这种自觉意识虽然是为了“得天永命”，但是相比于周以前那种完全听命于祖先以及卜筮的做法，周人的“明德”更多是指对民众施德。天命或者天帝的观念往往在民情上体现出来，敬德保民成为周人政治思想的一个核心观念。

在总结商灭亡的教训时，周人意识到，天命王权之得失，并不是无条件地直接取决于天帝，而必须以人的行为做中介。这个中介建立在统治者的德行之上，所谓的“惟德是辅”就是这个意思。统治者有德行，天就会帮助他，延续他的政治生命；相反，就会终结他的政治生命。而德行的表现又是落实在对民众的态度上的，也就是说，判断一个统治者是否有德行、是否值得获得上天的帮助，其标准在于他是否勤政爱民。由此也不难看出，虽然周人已经有了关于德的自觉意识，但仍然是一种外在功利性的看法，是建立在维持王权的立场之上的。

周人主张“以德配天”“敬德保民”，其中蕴含着这样一个逻辑：只有那些有德行的统治者才会获得上天的保佑，而只有那些保民、谨慎地践行道德的统治者才是有德行的人。在反省夏与商失去天命保护的原因后，周人认为，夏商统治者的失国亡政，都是过度享乐、骄奢淫逸所致。因此，周人的敬德，只是朝夕警肃其心，以求治民永命之意，而不是如后世儒家所强调的“诚敬存养”那样，因此仍然局限在一种宗教功利主义的范围内。但是，周人出于对其立国之现实境况和历史经验的反省所提出的“敬德”观念，无疑有助于联系人心、人行之职责来理解其与天命的关系，从人文自觉的角度看，这无疑是一种很大的进步。

其次是“慎罚”。《左传》引《周书》“明德慎罚”解释说：“文王所以造周也。明德，务崇之之谓也；慎罚，务去之之谓也。”所谓“慎罚”，就是要慎刑、慎杀，在处刑上要区别情况，对犯罪行为进行具体分析，不同的情况要区别对待，强调刑当其罪。周公强调慎用刑罚，但不是要削弱刑罚的作用，而是为了有效地使用刑罚，以维护周朝的统治；当人民破坏了奴隶主贵族的统治秩序时，周公便坚决地主张动用刑罚，对其进行严厉镇压。“明德慎罚”以“德”为本、以“罚”为补，是周公政治思想中一个很重要的方面，也是西周政治文化的指导原则之一。在周公的思想中，二者相辅相成，交叉融合，你中有我，我中有你。这在中国思想史上，第一次明确地将“德”与“刑”联系了起来。

周公“明德慎罚”的思想集中体现在《尚书》中，书载：“惟乃丕显考文王，克明德慎罚，不敢侮鳏寡，庸庸，祗祗，威威，显民……封，予惟不可不监，告汝德之说于罚之行。”[①] 此文是周公在平定三监之乱后封康叔于殷时的训诫之词。所谓“庸庸，祗祗”是指任用那些该任用的人，尊敬那些该尊敬的人，这个是统治者修身明德的范畴；接下来的“威威”，是说惩罚那些该惩罚的人，属于“慎罚”的范畴。周公在这篇诰辞中，以文王为榜样告诫康叔，一定要将“明德慎罚”作为自己处理政务的指导原则。周公指出，只有继承周文王的德行，王权才能保住；同时他强调“明德”就在“慎罚”之中，后者体现了前者，后者就是前者的内容之一。

由此可见，周公虽然首先产生了对道德的自觉意识，强调统治者的德行对于统治生命延续的重要性，但也没有忽视“刑”对于统治的重要意义。周公认为德与刑二者是不可分的，就像车之

---

① 《尚书·周书·康诰》。

两轮、鸟之两翼一样，同样是一个优秀的统治者或者管理者不可缺少的。

第二节　孔子的“以德去刑”思想

孔子继承了周公“明德慎罚”的理念，一方面强调“德”在执政过程中的绝对作用，认为“为政以德，譬如北辰，居其所而众星共之”①；另一方面也不主张彻底放弃使用刑罚，而是强调德治为主，刑罚为辅。

一、为政以德

首先是“德”的层面。“内圣外王”作为先秦儒家的基调，“外王”便是“为政”的层面。但是，孔子的“外王”或者“学而优则仕”的期望，依然是建立在“内圣”即道德修养的基础之上的。换句话说，孔子的治国思想更多是建立在提高社会管理者自身的道德修养基础上的，他将仁义道德视为当政者应当具备的基本品质。

《论语·卫灵公》云：“知及之，仁不能守之，虽得之，必失之。”一个人即使有治国之才，倘若缺乏仁德，虽然也能得到民心，得到民众的拥护，但是经不起时间的考验，时间久了，必然

① 《论语·为政》。

会再次失去民心。《朱子语类》亦云：“德与政非两事。只是以德为本，则能使民归。若是‘所令反其所好’，则民不从”，也是强调德与政的联系。德是为政之本，倘若统治者违反民众喜欢有德之人这一特点，那么就没有民众愿意归附他。由此可见，政是德的结果，德是政的基础和依据，只有那些有德行的人才会成为一个好的执政者。“政者正也。子帅以正，孰敢不正?”[①] 这句话是季康子向孔子问政的时候，孔子给出的回答。孔子认为政就是端正的正，统治者带头端正，那么就没人敢胡作非为，政治自然会稳定。孔子在此也是强调当政者的表率、示范作用，但是这一表率是建立在当政者德行完善的基础之上的，也就是说，只有统治者自身德行高尚，才会影响人们效仿他的品行，从而也做到品德高尚，这样的结果便是政治稳定。

又：“其身正，不令而行；其身不正，虽令不从。”[②] 统治者自身行为端正，不用特意去命令别人，他人就会自觉地受到自己的影响而学着去做；相反，倘若统治者自身行为不端正，就算是命令别人去做什么，别人也不会从心里信服。这句话十分形象地说明了统治者的德行与政治的关系。《论语・子路》曰：“苟正其身矣，于从政乎何有？不能正身，如正人何?”身正是从政的前提，身不正，就无法使他人真正信服。

《论语・颜渊》记载，季康子苦于盗贼太多而向孔子请教，孔子回答说：“苟子之不欲，虽赏之不窃。”季康子事鲁哀公，此

① 《论语・颜渊》。
② 《论语・子路》。

时鲁国王室衰弱，以季氏为首的“三桓”强盛，季氏宗主季康子位高权重，是当时鲁国的权臣。孔子这番话的意思是说，倘若当政者没有欲望，民众自然不会去盗窃。也就是说，当政者的德行在很大程度上决定了民众的德行，因为在当时，统治者的德行具有示范作用。“君子之德，风；小人之德，草；草上之风，必偃。”[①] 君子在《论语》中亦有统治者的含义，当政者的德行对民众的影响力可见一斑。

《论语·子路》说：“上好礼，则民莫敢不敬；上好义，则民莫敢不服；上好信，则民莫敢不用情。夫如是，则四方之民襁负其子而至矣。”“上”，指的就是当政者。执政者崇尚礼义以及诚信等道德，那么民众就会相敬如宾，心悦诚服，相互之间以真情相待。孔子认为，倘若君主做到了这些，那么周围国家的民众也都会前来归附。

《论语·里仁》载：“能以礼让为国乎？何有。不能以礼让为国，如礼何？”如果能以道德礼让来治理国家，那么治理国家并不困难；如果不能，只是在口头上谈论礼让，那么是没有什么意义的。“礼”标示着治理国家的原则——德治。当政者以德治国，自然没有什么难处，只要统治者不断提高自己的德行，崇尚礼义等道德，获得民众的拥戴、使得民众归附则是一种必然的结果。

由此可见，孔子理想的执政者更多地指向道德的层面，有德之人方能实现政治理想，才能让民众归附于他。由此逻辑出发，如何为政在孔子这里便转变成了如何提高道德，即如何“内圣”、

---

① 《论语·颜渊》。

如何“为仁”。其“为仁之方”有以下几点。

其一，“忠恕”之道。“其恕乎，己所不欲，勿施于人”①，“己欲立而立人，己欲达而达人”②，这便是“为仁之方”的“忠恕”之道。自己不想要的，要想到别人也不想要，这便是推己及人。通过这种由此及彼“推”的方式，即放下自己的小我立场，多为别人考虑，通过调整为人处世的方式，完善自己的德行。需要注意的是，孔子的这个“忠恕之道”不能作积极表述，也就是说，由自己不想要想到别人可能也不想要，这个逻辑是可以的，但是反过来说，认为自己想要的也是别人想要的则不可。原因有二：第一，不能说自己想做奴隶主，便推己及人地想到别人也想做奴隶主。孔子的这个“忠恕之道”本质上还是为了维护社会的统治秩序，在君君、臣臣的礼仪规范下去推己及人，做臣的想要君主对自己好，那就要尽职尽责地以臣之礼事君。第二，儒家十分重视个性化，这种个性是建立在差异互通的原则之上的，这种“通”是一种在个体充分实现前提下的超越性，而不是简单的“同”。如果将“忠恕之道”作积极表述，认为自己想要的便是别人也想要的，容易将自己的意志强加于人，持这种思维模式易导致人个性的泯灭。儒家强调“君子不器”，要在“独”的前提下充分实现个性化发展，在这种“尽性”的前提下完成内在的超越，从而建立起一个形上学基础，而这个基础便是成圣、作贤的前提与保证。

---

① 《论语·颜渊》。

② 《论语·雍也》。

其二，“孝悌”之情。“孝”指对父母的感情，“悌”指对兄弟的感情，二者都是人最本真的感情，在这里被称为“为仁之本”。“孝悌也者，其为仁之本与!”① 儒家尤其注意以血缘纽带为基础的“情”，其原因在于，这种最真实或最自然的“情”是不能自欺的，是人当下没有任何分别与私心判断的感情，建立在这种感情之上的行为自然是没有任何私心的，无私心便是道德的。孔子提出“孝悌”观念，强调的是“孝悌”在行为中的落实。这一落实的过程就是道德养成的过程，养成的结果是使主体放下私心分别，使得人在从事除孝敬父母与友善兄弟之外的事情时，也能“公而无私”，这种无私的行为便是“仁”。由此可见，孔子的“德”是始于“情”的，这个“情”不是我们一般所理解的感情，而是人最为本真的自然情感。需要注意的是，孝是“仁”之始，但“仁”不可滞留于此，人要使孝的感情落实到普遍性的规定中。只有将这个本真的情感普遍化，才能将道德开显出来，价值的实现也才能完成。而落实的中介就是“诚”，“诚者，非自成己而已也，所以成物也。成己，仁也；成物，知也，性之德也，合外内之道也，故时措之宜也。”② “诚己”是前提，“诚物”是结果，但是，只有将“诚己”落实到“诚物”上，道德才能完成与实现。“仁”并不是一个先天的概念性范畴，而是通过主体的道德实践来实现的，这种实现便是一种“合外内之道”，“实有诸己”也是在这个意义上说的。

---

① 《论语·学而》。

② 《礼记·中庸》。

其三，“中庸”之道。“吾有知乎哉？无知也。……我叩其两端而竭焉。”[1] 孔子要求，在处理事物的时候不要走极端，不要偏向此，也不要偏向彼，而是要取中间的立场，“过犹不及”。“质胜文则野，文胜质则史；文质彬彬，然后君子”[2]，质是文的基础，文是质的升华，君子的理想状态，就是在文的形式中保持质的规定性，这便是孔子所说的中庸的状态。需要注意的是，孔子的“中”不是随意的、任意的“中”，而是以“礼”作为规定性的“中”。“先王之道，斯为美，小大由之，有所不行，知和而和，不以礼节之，亦不可行也”[3]，也就是说，只有在“礼”的规定下的“中”才是孔子所提倡的，只有以“礼”作保证，“中”才不会只是个体的独断。

二、君子怀刑

在提倡德行治国的同时，孔子也不否定刑罚的作用。“君子怀刑，小人怀惠”[4]，《说文》解释说：“怀，思念也。”可见孔子主张治人的君子也应当关心法度。但是，孔子很重视实施“刑”的时间，换句话说，孔子并不是一上来就主张给民众实施刑罚，刑罚与德治有时间上的先后关系，德治在先，刑罚在后。

孔子十分重视“教化”。《孔子家语·刑政》载：“化之弗变，

---

① 《论语·子罕》。
② 《论语·雍也》。
③ 《论语·学而》。
④ 《论语·里仁》。

导之弗从，伤义以败俗，于是用乎刑矣。”刑是不得已而为之，在教化没有成效的情况下，统治者可以采取这个手段来使民众接受教化。《论语・尧曰》亦载：“不教而杀谓之虐，不戒视成谓之暴，慢令致期谓之贼。”不教化就杀，那就是暴虐；教化在先，只有在教化行不通的情况下才能使用刑罚。这并不是说孔子认为道德教化是万能的，更不是说孔子摒弃了刑。《左传》载“郑国多盗”，郑国统治者“尽杀之”。对于这件事，孔子称赞道：“善哉！政宽则民慢，慢则纠之以猛。猛则民残，残则施之以宽。宽以济猛，猛以济宽，政是以和。”由此可见，孔子也是注重刑罚的，只是他强调以德为主，德与刑在时间上要有先后。

孔子对刑的态度是“以德去刑”。孔子虽然不否认刑罚的作用，但是总将希望寄托于道德教化，坚持以德为主、以刑为辅。《论语・子路》载：“善人为邦百年，亦可以胜残去杀矣”，是说有道德的人统治国家超过百年，统治者的德行对民众势必会有潜移默化的影响，这足以让国家不再依靠刑罚而获得大治。这也就是说，实行礼仪道德教化，虽然短期内很难见到成效，但是长远来看，道德教化对民众产生潜移默化的影响，渐渐地就会使得这个国家免除刑罚。由此可见，孔子最终坚持的还是道德教化，刑罚只是补充，是针对那些不接受教化的人来说的。

《论语・颜渊》中“无讼”的思想也蕴含着“以德去刑”的意思。其云：“听讼，吾犹人也，必也使无讼乎！”[①] 孔子在案件审理的能力方面与其他人相差不多，他所希望的是“无讼”，也

---

① 《论语・颜渊》。

就是人与人之间和谐相处，不用诉讼的方式解决争端，不动用刑罚解决问题。这其实也蕴含着孔子以道德教化替代刑罚的期望。

而对于为政者来说，刑罚本身并不是目的，重要的是“道之以德，齐之以礼”。孔子认为：“道之以政，齐之以刑，民免而无耻；道之以德，齐之以礼，有耻且格。”① 通过礼仪道德教育感化百姓，使其按照道德的要求选择、约束自己的行为，才是儒家教化的最终目的。刑罚虽然可使民众去恶向善，但是无法使道德观念内化于心，只有做到“实有诸已”的人才能被称为君子，而这终究也是道德教化的结果。因此，孔子虽然强调不废刑罚，但仍然主张“德主刑辅”。

第三节　孟子的“行仁政”“省刑罚”思想

一、孟子的“行仁政”思想

孟子基本上继承了孔子的政治思想，他一方面强调仁政，另一方面又强调运用刑罚。孟子为什么主张实行仁政呢？可以说，孟子的仁政思想是建立在其性善论基础之上的，他说：“人皆有不忍人之心。先王有不忍人之心，斯有不忍人之政矣。以不忍人之心，行不忍人之政，治天下可运之掌上。”② 只有那些具备“不忍人之心”的君主才会有“不忍人之政”，也就是我们所说的

① 《论语·为政》。
② 《孟子·公孙丑上》。

“仁政”。由此可见，有“不忍人之心”是行仁政的基础。那么，什么是“不忍人之心”？孟子接着说：

所以谓人皆有不忍人之心者，今人乍见孺子将入于井，皆有怵惕恻隐之心。非所以内交于孺子之父母也，非所以要誉于乡党朋友也，非恶其声而然也。由是观之，无恻隐之心，非人也；无羞恶之心，非人也；无辞让之心，非人也；无是非之心，非人也。恻隐之心，仁之端也；羞恶之心，义之端也；辞让之心，礼之端也；是非之心，智之端也。人之有是四端也，犹其有四体也。①

见到小孩子将要掉进井里，当下便有想去救的冲动，这并不是为了邀誉乡里，也不是因为跟孩子的爸妈有交情，更不是因为讨厌这个孩子的哭声，只是单纯想要救他，没有任何别的想法。这种感情便是“不忍人之心”，也被宋明儒称为“天理”。孟子进一步指出，没有这种感情便不能称为人，而这个恻隐之心就是“仁之端”。将这个“仁之端”推广到政治上，便是孟子所说的“仁政”。《孟子·公孙丑上》说：“行仁政而王，莫之能御也。”又说：“万乘之国行仁政，民之悦之，犹解倒悬也。”当政者只要实施仁政来统一天下，就没有人能够阻挡得了；拥有万辆兵车的大国实施仁政，老百姓就会信服和满意，如同倒挂着被人解救了一般。

① 《孟子·公孙丑上》。

在孟子那里，实施仁政的具体措施主要包括两个方面：

第一，“制民之产”，即分配给农民固定的土地，使他们“死徙无出乡”。孟子认为“无恒产者无恒心”，就是说，必须把劳动者束缚在土地上，避免他们因没有产业而逃亡。孟子把这种仁政描绘成一幅最美好、最理想的社会图景。孟子经常称道的每家给予“五亩之宅”“百亩之田”，五十岁的人有丝绸衣服穿，七十岁的人有肉吃，八口之家可以不饿肚子，就是他对小农经济的一种具体设想。孟子虽然反对开辟荒地扩大私产，但是对于发展农业生产还是比较重视的。他提倡“薄税敛”，要求人们“不违农时”地进行生产，主张给老百姓一定的生活上的保障，认为这样才是“王道之始”。

孟子区分了“王道”与“霸道”，认为“以力假仁者霸，以德行仁者王”①。只有那些用德来统治民众的才是“王道”，他的政治生命才能延续；而通过武力威胁统治民众的都是“霸道”。对于这些行霸道的君主，民众不会心悦诚服，只是迫于威胁而不得不服从；而行王道者则会使民众心服口服。孟子认为，只有这种让民众心服口服的统治才能永久。

第二，“以德服人”。孟子这一主张是建立在其“义利之辨”观念之上的。孟子反对墨子等人提倡的功利主义，认为统治者不必刻意强调利。当孟子去见梁惠王的时候，梁惠王问：“叟不远千里而来，亦将有利于吾国乎？”② 意思是说，先生你不远千里到

① 《孟子·公孙丑上》。
② 《孟子·梁惠王上》。

我们这个国家来，有没有什么能对我们国家有利的呢？孟子回答说：“何必曰利，仁义而已。”[1] 意思是不必说什么利不利的，有仁义就够了。由此可见，孟子更加注重仁义，认为过度地追求利，人人都去争名逐利，必然会对统治构成威胁，因此必须把仁义放在第一位。需要注意的是，孟子主张仁义，实际上是想通过宗法亲情维护封建统治，说到底，还是为了维护封建社会固有的社会秩序。他说：“未有仁而遗其亲者也，未有义而后其君者也。”[2] 孟子将仁义与亲情结合起来，使其落实到宗法血缘层面，仁义最终也就变成了维护统治秩序的工具。

正是因为看到了仁义对政治治理的这一作用，孟子坚决反对杨朱的“为我”以及墨子的“兼爱”。他说：“杨氏为我，是无君也；墨氏兼爱，是无父也；无父无君，是禽兽也。”[3] 孟子认为杨朱是无君，也就是没有君臣的观念；墨子是无父，也就是没有家庭伦理的观念。没有君臣、父子的观念，便不能称作人。

孟子这种“以德服人”的思想本质上与孔子的“草上之风”没有区别，而实现这一理想的途径也就是孟子所说的“成圣之方”。这一途径主要包括三个方面：

第一，“求放心”。孟子云：“学问之道无他，求其放心而已矣。”[4]“放心”就是放失掉的本心。孟子的人性论主张人性本善，他在论证这一观点时，以心善说性善，以情善说心善。所谓的

---

① 《孟子·梁惠王上》。
② 《孟子·梁惠王上》。
③ 《孟子·滕文公下》。
④ 《孟子·告子上》。

“心”，就是本心，这也是人之为善的基础。孟子进而认为，现实的人之所以有恶，不是因为恶人没有本心，而是因为他们在后天的生活中丧失掉了自己的本心。所以，一个人想要提高自己的德行、成圣成贤，首要的就是要找回被自己放失掉的本心。

第二，“养心莫善于寡欲”。欲望是导致本心放失的罪魁祸首，想要找回本心，就必须清心寡欲。这种寡欲并不是要求什么欲望都不能有，而是反对奢欲。孟子对于告子提出来的“食色，性也”的观点也是很支持的。可见，孟子并不反对饿了吃饭这种人的本能欲望，而是反对“奢欲”，也就是过分的欲望。饿了吃饭是可以的，但是饿了想要吃山珍海味，那就不能被支持。

第三，“养浩然之气”。公孙丑问曰：“敢问夫子恶乎长?”曰：“我知言，我善养吾浩然之气。”“敢问何谓浩然之气?”曰：“难言也。其为气也，至大至刚，以直养而无害，则塞于天地之间。其为气也，配义与道；无是，馁也。是集义所生者，非义袭而取之也。行有不慊于心，则馁矣。我故曰，告子未尝知义，以其外之也。必有事焉而勿正，心勿忘，勿助长也。无若宋人然。宋人有闵其苗之不长而揠之者，芒芒然归，谓其人曰：‘今日病矣！予助苗长矣！’其子趋而往视之，苗则槁矣。天下之不助苗长者寡矣。以为无益而舍之者，不耘苗者也；助之长者，揠苗者也。非徒无益，而又害之。”[①] 这种浩然之气的养成，是建立在德行修养基础上的。孟子云：“形色，天性也；惟圣人然后可以践

① 《孟子·公孙丑上》。

形”[1]，这个“践”是实现的意思，也就是说，孟子认为只有圣人才能实现自己存在意义上的转换。这种转化我们称作“精神的肉体化”或者“肉体的精神化”。在价值实现的基础上，人内在的“情”必然会开显出来，落实到外在的形气上，这种创造性的转化即标志着价值的完成。

第四，“尽心”“知性”“知天”。孟子云：“尽其心者，知其性也；知其性，则知天矣”[2]，“尽心”就是反求诸己，在这个过程中达到“万物皆备于我”的境界，通过不断的道德训练提升自我，自然能够体证天道。这其实与孔子的“五十而知天命”相似，都是在强调人道相对于天道的合法性，这一合法性通过人的道德落实来实现，是一种实践过程中的实现意义，不是一种外在的概念预设。

二、孟子的“省刑罚”思想

“省刑罚”语出《孟子·梁惠王上》：“地方百里而可以王。王如施仁政于民，省刑罚，薄税敛，深耕易耨……”“省”的意思是减少，也就是说，孟子主张在不得已的情况下采用刑罚，而不是完全忽视刑罚在政治统治中的作用。

与孔子一样，孟子也强调使用刑罚的条件，他认为刑罚并不是什么时候都可以使用，只有在教化没有成效的情况下方可

① 《孟子·尽心上》。
② 《孟子·尽心上》。

使用。“善政不如善教之得民也。善政，民畏之；善教，民爱之。”[①] 相比之下，统治者通过道德教化更容易获得民众的归附。

孟子的教化思想是建立在其人性善论基础之上的。每个人先天地具有善的本心，在后天之所以不善，是因为自己丧失了自己的本心。对于那些不善良的人，孟子认为要加以教化，帮助他们找回原本放失的本心，从而实现自己的价值。统治者要“谨痒序之教，申之以孝悌之义”[②]，即通过孝悌的感召以及礼仪的教化使得民众去恶向善，这无疑是有利于统治的。

对于刑罚，孟子强调不能滥用，而是要审慎使用。他说：“左右皆曰可杀，勿听；诸大夫皆曰可杀，勿听；国人皆曰可杀，然后察之，见可杀焉，然后杀之。”[③] 对于当政者来说，当周围的大臣都主张杀掉一个人时，不要轻易听从；当国人都主张杀掉一个人时，自己也要先调查一下这个人到底该不该杀，然后再采取行动。同时，孟子主张德刑并用，以德为主。他说：“徒善不足以为政，徒法不能以自行。”[④] 与孔子一样，孟子也是认为德与刑是不可或缺的两个方面，都是统治者治理国家的重要手段。

---

① 《孟子·尽心上》。
② 《孟子·梁惠王上》。
③ 《孟子·梁惠王下》。
④ 《孟子·离娄上》。

第四节　荀子的“贵礼义”思想

“德主刑辅”的思想发展到荀子，出现了礼法合流的趋势。荀子作为儒家学派的继承者，仍然力倡“礼”在国家治理中的重要作用。他认为，只有通过“礼”的道德教化，才能实现真正的王天下；如果只重法，单纯以法治国，只能达到称霸天下的目的，而这样的国家是无法长期存在下去的。同时，荀子认为，孔孟仅主张用仁义来治国，而忽视了制度层面的不足，这样只会使儒家思想脱离社会现实而缺乏实用价值，因此他从制度设计上对外王之道的思想内容加以扩充，主张隆礼重法，形成了独具特色的礼法合治思想。

荀子的“隆礼”主张继承了周公的“明德慎罚”思想，强调厚德重礼而谨慎用罚。荀子直言：“明德慎罚，国家既治四海平”①，指出统治者妥善使用德、刑，国家便会出现四海升平的景象。《荀子·议兵》曰：“故厚德音以先之，明礼义以道之……然后刑于是起矣。”荀子在周公“明德慎罚”的思想基础上，强调应先德后刑，以德为先，然后辅以刑罚。

荀子极为重视礼的作用，提出了“隆礼重法”的政治主张。在论述礼义作用的时候，荀子指出：“人无礼则不生，事无礼则

① 《荀子·成相》。

不成，国家无礼则不宁。”[①] 又说：“国无礼则不正，礼之所以正国也”[②]，“隆礼贵义者其国治，简礼贱义者其国乱”[③]。礼不仅是人之为人的根本保证，而且也是一个国家立邦兴国的基础，礼兴则国家兴，礼废则国家乱。

荀子主张“隆礼”，那么“礼”是起源于何处呢？对此，荀子给了两种解释：其一，“礼有三本：天地者，生之本也；先祖者，类之本也；君师者，治之本也”[④]。人之所以要尊重君师，祭祀天地、先祖，是因为人有一种归宿感，即天生有一种慎终追远的情感倾向。久而久之，这种祭祀的礼俗便演变成了现在的礼仪规定。其二，荀子从人之欲望的无止境与社会物质的有限性之间的矛盾入手，论述了礼的起源。“礼起于何也？曰：人生而有欲，欲而不得，则不能无求。求而无度量分界，则不能不争；争则乱，乱则穷。先王恶其乱也，故制礼义以分之，以养人之欲，给人之求。使欲必不穷于物，物必不屈于欲。两者相持而长，是礼之所起也。”[⑤] 人生下来就会有各种欲望，欲求得不到满足的时候就会产生争端，先王为了避免争端，所以就制定了礼义，以此节制人们的欲望。

荀子主张“性恶”论，认为礼是人性由恶向善的必然要求。他之所以重礼，一方面是看中礼的教化意义；另一方面，则是为了成就理想的道德人格。在荀子看来，人性本恶，善则出自人

---

① 《荀子·修身》。
② 《荀子·王霸》。
③ 《荀子·议兵》。
④ 《荀子·礼论》。
⑤ 《荀子·礼论》。

为，是由后天教化而来；要实现这一转化，就要依靠礼来帮助人革除恶的观念和行为，从而使人向善。荀子希望通过礼义教化的方式对人性进行改造，挖掘其中的向善潜能，扩充善性，形成理想的道德人格。这与儒家修身之道是相一致的，也是他主张隆礼的根源所在。道德具有防患于未然的作用，也是礼的特殊意义所在。在日常社会管理过程中，恰当地发挥礼的调节作用，能够使人们自警内省，自觉规范举止言行，这样就会减少社会矛盾和违法行为的发生。礼的这种防患于未然的作用能够起到治本之效，而法只能起到治表之效。

荀子力倡“隆礼重法”，其“重法”侧重强调法治的重要意义。重法的实质，是主张君主重视运用法律手段正人治国。荀子所言重法，不是要重罚而是要慎罚，不是要实行严刑峻法，更反对滥施刑罚，这也就是荀子所提出的“明德慎罚”，《荀子·成相》与《荀子·议兵》篇中对此都有论及。具体说来，荀子对于刑的态度主要包括以下几点：

第一，主张顺序上德先刑后。这种顺序上的先后关系在荀子思想中有明确论述：“故厚德音以先之，明礼义以道之，致忠信以爱之，尚贤使能以次之，爵服庆赏以申之，时其事，轻其任……政令以定，风俗以一，有离俗不顺其上，则百姓莫不敦恶，莫不毒孽，若祓不祥，然后刑于是起矣。是大刑之所加也，辱孰大焉？将以为利邪？则大刑加焉。”[①] 君主通过礼义引导民众，等风俗习惯稳定后，倘若再有犯奸作恶者，才会采取刑罚，这说的是德、刑在顺序

① 《荀子·议兵》。

上的先后关系。

第二，主张德主刑辅。荀子尤其重视教化、礼仪对人的改造作用，但对于那些教化不了的人，荀子主张采用刑罚。他说："夫征暴诛悍，治之盛也。杀人者死，伤人者刑，是百王之所同也，未有知其所由来者也。刑称罪则治，不称罪则乱。故治则刑重，乱则刑轻。"① 荀子主张因罪定刑，因为重罪轻刑也会导致暴乱。他说："罪至重而刑至轻，庸人不知恶矣，乱莫大焉。凡刑人之本，禁暴恶恶，且征其未也。杀人者不死，而伤人者不刑，是谓惠暴而宽贼也，非恶恶也。"② 荀子认为，不可以滥用刑罚，"赏不欲僭，刑不欲滥。赏僭则利及小人，刑滥则害及君子"③。荀子这样主张，与他把道德放在治国理政的首要位置是分不开的。荀子言："故人之命在天，国之命在礼。君人者，隆礼、尊贤而王，重法、爱民而霸，好利、多诈而危，权谋、倾覆、幽险而亡矣。"④ 同时，荀子还指出，秦国虽然强大，但只能说它称霸诸侯，而不能说它称王天下，因为秦国只重法而不懂得隆礼。在国家治理方面，国君如果能够推崇礼义、尊重贤人，就能达到王天下的效果；与之相反，如果只注重法治的作用却忽视礼义，就只能霸天下，并且这样的政权将随时面临覆灭的危险。重礼与重法所达到的效果显然是不同的，由此可以看出，在荀子那里，礼是一种更本质的治理手段，其地位是高于法的。

① 《荀子·正论》。
② 《荀子·正论》。
③ 《荀子·致士》。
④ 《荀子·天论》。

荀子的“隆礼重法”思想，是以其性恶论作为理论基础的。荀子主张“人性恶”，认为“今人之性，生而有好利焉，顺是，故争夺生而辞让亡焉；生而有疾恶焉，顺是，故残贼生而忠信亡焉”①。“性”在人身上主要表现为“欲”，如果依从人的本性，顺乎欲的发展，就会产生争夺、乱礼等危害社会秩序的行为。因此，必须借助礼来规范人的行为，“化性起伪”。“伪”即人为，“化性起伪”是说通过外在礼义的约束，使人去恶向善。

荀子曰：“故性善，则去圣王，息礼仪矣；性恶，则与圣王，贵礼仪矣。”② 如果主张性善，那么就会削弱圣王、礼义对于教化的作用；相反，若是主张性恶，那么就会彰显圣王、礼义的作用。在这个意义上，荀子认为，相较于孔孟的性善论，性恶说是十分必要的，其更突出地强调了礼义的重要意义。

在政治理念方面，荀子与孔孟有一定的区别。孔孟主张性善，认为人的本性中就具有德性的实质性内容，并由此认为统治者的德行对政治统治十分重要。然而在荀子的学说中，主张性恶的必然结果便是要“贵礼义”“化性起伪”，通过对人的道德教化，实现“涂之人可以为禹”③ 的理想。在这个过程中，礼义的作用不言而喻，不仅起到了价值导向的作用，也承担着实质性的教化任务。正是外在礼义的规定性，使得人的道德修养有了努力的方向；这一向善的指向，使得荀子在最终意义上完成了与孔孟的统一。

---

① 《荀子·性恶》。
② 《荀子·性恶》。
③ 《荀子·性恶》。

由此可见，荀子的性恶论实际上是有其“立言宗旨”的，因为在其思想中，既可以讲性善也可以讲性恶，荀子之所以最终采纳了“性恶论”，就是因为之前论述的：“故性善，则去圣王，息礼仪矣；性恶，则与圣王，贵礼仪矣。”① 既然主张性恶，那么就要对恶如何向善转化做出说明，对此，荀子直言：“人之性恶，其善者伪也”②，认为人需要通过后天教化等努力改变性情，积善成德。这一向善道德趋向之所以可能，在于荀子人性结构中的“知”，这也是“涂之人可以为禹”的基础。

“古者圣人以人之性恶，以为偏险而不正，悖乱而不治，故为之立君上之执以临之，明礼义以化之，起法正以治之，重刑罚以禁之，使天下皆出于治，合于善也。”③ 荀子认为，要想使国家得到有效治理，不但要重视礼义的教化作用，还要重视法的强制性作用，利用法来弥补礼的不足，礼法互补，两者结合才能达到更好的治理效果。具体来说，礼虽然对社会生活的各个方面都具有调节作用，对于维护社会秩序也具有一定作用，但它更多是依靠个人心中的自觉，而缺乏强制性。对于某些行为，通过礼的教化作用人们或许会改邪归正，但对于严重的违法行为，仅靠礼的教化远远达不到去恶归善的效果。因此，必须借助法律对其处以刑罚，使其得到应有的处罚，这样才能更有效地预防类似行为的发生；仅靠礼来治国，并不一定能达到预期的效果。另一方面，仅靠法来治国，也是不行的。像法家那样一味地推行严刑峻法，

① 《荀子·性恶》。
② 《荀子·性恶》。
③ 《荀子·性恶》。

将社会生活的方方面面都与赏罚联系在一起，那么人们就会每日计较利害得失，做任何事情都以获得利益为目的，这样的强制服从并不具有真心的归服性，这样的国家也是无法长治久安的。因此，在治国过程中，将隆礼与重法相互结合，恩威并施，才能实现真正的王天下。

第五节　礼法合治思想的现代启示

纵观中国历史的发展脉络，秦朝是典型的重法轻德，其采取法家的治国理政思路，主张严刑峻法，最后二世而亡，这不能不引起后人的反思。历代统治者对这一事件的反思，促使他们寻求一种稳妥的统治方略。汉代承袭秦朝制度，为了避免秦朝悲剧再次上演，汉武帝接受了“罢黜百家，独尊儒术”的政治主张，故此汉代鼓吹德治，儒家也由此确立了以后一千多年在中国历史上的统治地位。同时，儒家又吸收了很多法家的思想，一方面强调德治，另一方面也不废刑罚。从周公、孔子、孟子一直到后儒，都主张礼法合治、德主刑辅。儒家一方面强调君权、政令与仁政相关，另一方面也将刑罚与治世相联系，儒法在历史发展上趋于整合。在当今社会，我们也应该从这种思想演变的历史进程中吸取经验与教训。

一方面，要坚持依法治国与以德治国的结合。党的十八届四中全会《关于全面推进依法治国若干重大问题的决定》（以下简称《决定》）提出，建设中国特色社会主义法治体系，建设社会主义法治国家，必须坚持依法治国和以德治国相结合。《决定》

指出，要“把法治教育纳入精神文明创建内容，开展群众性法治文化活动”，对公民道德建设提出了新的“礼治”要求。《习近平谈治国理政》有三篇讲话是关于法治中国的，在中共中央政治局第十八次集体学习时，习近平特别强调，“礼法合治，德主刑辅”是中国古代治国理政的精髓要旨。

“以德治国”就是要以马克思列宁主义、毛泽东思想、邓小平理论、“三个代表”重要思想、科学发展观为指导，以为人民服务为核心，以集体主义为原则，以职业道德、社会公德、家庭美德的建设为落脚点，积极建立适应社会主义市场经济发展的社会主义思想道德体系，并使之成为全体人民普遍认同和自觉遵守的规范。“以德治国”是中国共产党人借鉴中国历代治国之道，吸取其他国家在事务管理中的经验教训，在新的历史条件下，对如何管理国家事务，如何教育引导人们崇尚高尚精神生活进行思考的智慧结晶。

“依法治国”就是广大人民群众在党的领导下，依照宪法和法律规定，通过各种途径和形式管理国家事务，管理经济文化事业，管理社会事务，保证国家各项工作都依法进行，逐步实现社会主义民主的制度化、规范化、程序化，使这种制度和法律不因领导人的改变而改变，不因领导人看法和注意力的改变而改变。依法治国是社会主义法治的核心内容，是我们党领导人民治理国家的基本方略。树立依法治国的理念，就是要求全社会和全体公民，特别是执法者养成自觉尊重法律、维护法律权威、严格依法办事的思想意识。

我们所说的新型社会主义“德治”，是在继承和弘扬中国古

代“礼治”思想精华的基础上，以为人民服务为核心、以集体主义为原则，重视道德教育和道德感化的作用，强调人人讲礼貌、讲文明、讲诚信、讲道德，使“德治”与“法治”并行不悖、并驾齐驱，共同维护和促进社会主义改革开放和现代化建设事业的发展。

另一方面，要坚持德治为主，礼法合治。从儒法之争的本质出发，德与刑二者应该同时提倡，不应偏废其中的任何一个。“礼法结合”的社会综合治理模式的现代价值，就是将法律建立在民族的伦理道德之上，通过礼法互动来保证国家机器的有效运转。我国要贯彻落实建立现代法治国家的基本要求，即坚持“有法可依、有法必依、执法必严、违法必究”，必须借鉴传统“礼法结合”的社会综合治理模式，以礼行法，减少推行法的阻力，以礼明法，增强道德约束力。同时，礼法合治可以在一定程度上消除现代西方社会中法律与道德的紧张对立所造成的法律的僵化以及普遍的道德冷漠等问题。

因此，在加强法治建设的同时，要充分发挥道德规范、家规民约、行业规则，特别是社会主义核心价值观的精神引领作用。党的十八届三中全会完善并确立了社会主义核心价值体系，为礼治奠定了坚实的政治基础。党的十八届四中全会《关于全面推进依法治国若干重大问题的决定》，用两段话创新概括了依法治国的含义和意义。这两段话在回答为什么要依法治国时总结了5层含义，提出了14项措施。同时，全会公报特别强调了7个重要精神，这也是习近平总书记讲话中论法治的重要部分和主要观点。譬如，法律是治国之重器，良法是善治之前提，法律的生命力和权威在于实施，等等。习近平总书记指出：依法治国，首先是依宪治国，依法执政，关键是依宪执政，充分肯定了宪法在治国理政中的重要地位和作用。今天，我们要学习习近平总书记的重要讲话精神，认真领会“让法治成为信仰”“把权力关进制度的笼子”“让权力在阳光下运行”等法治思想，让司法在阳光下运行。

作为道德规范的礼，与内在道德自觉的“仁”是互为表里的关系。借鉴齐鲁文化的德主刑辅、礼法合治思想，就是要人增强守礼、守法的自觉性，人们的一切言行都要自觉符合礼，人的视、听、言、动，都要自觉接受“礼”的约束。对共产党员而言，就是要自觉用党的纪律约束和规范自己的行为；对公民而言，就要自觉用国家的法律制度来约束和规范自己的行为。在传统伦理学中，“礼”包含了人的道德规范的内容和形式。积极建立适应社会主义市场经济发展的社会主义思想道德体系，并使之成为全体人民普遍认同和自觉遵守的规范，是“礼”在社会主义条件下的必然要求。荀子在《荀子·修身》中说：“礼者，所以正身也”，“无礼何以正身?”正身的实质也就是自律，这就要求我们遵纪守法，严于律己，不谋私利，通过提高人的道德自觉来达到行为的自我控制；克制自己的欲望，检点自己的行为，使自己的思想行为符合党纪国法。

第四章 修身为本

作为中国优秀传统文化的重要组成部分，齐鲁文化为当今治国理政提供了系统深刻的理论资源。齐鲁文化的政治思想以德治为主要内容，其思想核心是“为政以德”。为政以德的最大特色，是强调修身是为政之基，主张为政者在国家统治和社会管理中要坚持“修身以立政本”“修己以安人”，通过内修仁德、外行仁政，实现天下归仁、和谐有序的社会理想。先秦时期儒家思想家们极其重视对道德品质和德性修养的锤炼与提升：孔子提出了“克己”“修己”“内省”的修身之道；孟子力倡“反求诸己”“养浩然之气”，扩充仁义礼智“四端”，进而上达天道，知性、知天；荀子则主张隆礼重法、礼法并用，使儒家的修身之道无论在理论上还是在实践操作中都臻于完善。这种注重提升德性修养、主张为政以德的思想主张，对当代施行以德治国的政治方略、构建和谐社会、践行社会主义核心价值观，都具有重要的思想启示与借鉴意义。

第一节　孔子：“为政以德”

在儒家思想的理论体系中，道德教化是实现以德安民的关键。“教化”即教导、感化，指通过改变受教对象的道德修养以及影响其人生态度、价值追求、意志品质和行为倾向的方式，达到净化心灵、塑造人格、提高道德水平以及改善社会风气的效果。如《礼记》所言，“礼之教化也微，其止邪也于未形，使人日徙善远罪而不自知也”①，这种礼义教化是齐鲁文化政治思想中极为推崇的一种政治手段。推行道德教化的关键在于，为政者能够做到修身以德，亲身示范做好道德表率，引领社会风气，通过引导提升个体的道德修养境界，调整个体与社会间的关系，实现社会的和谐有序。

儒家创始人孔子在《论语·为政》篇中首次明确提出“为政以德”的概念：“为政以德，譬如北辰，居其所而众星共之。”意思是说，君主通过施行德政来治理国家，犹如北极星居于天空中

---

①《礼记·经解》。

央，百官万民犹如繁星拱卫北辰一样，自然环绕在其周围。君主垂手而天下治，社会管理井然有序，治民理政事半功倍。朱熹解释“为政以德”说：“政之为言正也，所以正人之不正也。德之为言得也，得于心而不失也……为政以德，则无为而天下归之，其象如此。”[①] 在朱熹看来，孔子的“政”即“正”，“政”与“德”是内外合一的，“政”意在规范自身的行为，“德”则表现为恪守道德底线。程树德在《论语集释》中将“为政以德”解释为“明德以亲民，本仁心以施仁政，保民而王，非自求尊荣与富贵也，是谓为政以德”。这表明，“为政以德”主要包括三层含义：一是“明德以亲民”，即为政者首先要注重自己的道德修养，以德亲民，以德化民；二是“本仁心以施仁政”，即要求为政者秉持仁爱之心，施行仁政，遵循“忠恕”之道；三是为政的最终目的是“保民”，而不是求得自身的名利和地位。为政者不应过分注重个人利益，而应以百姓为重。孔子的“为政以德”思想，既不同于道家的“清静无为而民自正”，也不同于法家的以法为治主张。可见，孔子的“为政以德”是有别于道家和法家的一种为政方式，他既不主张无为而治，也不倡导单纯地将刑罚加于百姓，而是主张以德化民，推行仁政。

孔子的“为政以德”思想，其第一要义是主张为政者要加强自身修养，以德为政。他认为，为政者只有以身作则，端正自己的行为态度，用自己的品德去引导、号召天下，才会使百姓自觉循其道而向善。

---

① 《四书章句集注》。

在孔子看来，君主以德修身是为政治民的重要基础。首先，这是由为政者所处的地位决定的。《论语·子路》中有这样一段对话，鲁定公问："一句话可以兴盛国家，有这事吗?"孔子答道："说话不可以像这样简单机械。不过，大家都说：'做君上很难，做臣子也不容易。'假若知道做君上的艰难，自然会认真谨慎地去干，不近于一句话便兴盛国家吗?"定公又道："一句话丧失国家，有这事吗?"孔子答道："说话不可以像这样简单机械。不过，大家都说：'我做国君没有别的快乐，只是我说什么都没有人违抗我。'假若说的话正确而没有人违抗，不很好吗？假若说的话不正确也没有人违抗，不近于一句话丧失国家吗?"这就是说，正因为政者所处地位显赫，其一言一行均关系到国家的兴衰存亡，因此国君更应修身慎行，注重自身的道德修养。

其次，这是由道德的特殊作用决定的。孔子说："道之以政，齐之以刑，民免而无耻。道之以德，齐之以礼，有耻且格。"[①] 意思是说，用政令来强力规范百姓，用刑罚来威慑百姓，百姓虽惮于强权而收敛行为，却不会有羞耻之心；而以道德引导，以礼仪整肃，人们便会知耻，便会自觉遵守规范，进而弃恶从善。如此一来，为政者才能收到政令和刑罚难以达到的效果。在这里，孔子明确指出了道德教化在为政中具有的重要作用。尽管与政令和刑罚相比，道德教化缺乏强制性，不容易收到立竿见影的效果，但政令和刑罚终究有无法涉及的方面，不能全方位约束百姓的行为。倘若百姓道德水平低下，那么违背社会公德的事件会屡禁不

---

① 《论语·为政》。

止。而依靠人内心信念和社会舆论维系的道德无处不在，它能从根本上净化人的心灵，纯化人的思想动机，促使人们自觉、自愿地遵守社会行为规范。因此，只有提高人们的道德水平，使人们具有内在的道德自觉和羞耻之心，才能实现政令畅通和社会稳定。也就是说，在孔子看来，道德规范与行政命令和刑法相比，是一种更高层次的约束方式，是比颁布政令、实施刑罚更为重要和有效的为政之道。

孔子极其重视君主自身的道德修养在治国中的作用和效果。《中庸》记载，鲁哀公曾向孔子询问治国之方，孔子回答道："文武之政，布在方策。其人存，则其政举；其人亡，则其政息。天道敏生，人道敏政，地道敏树。夫政也者，蒲卢也。故为政在人，取人以身，修身以道，修道以仁。"孔子直言，周文王、周武王推行政治的方法记载在典籍中，根据周礼行事的人存在，这些方法就能推行。治理好一方的方法，就是勤于政事，这就好比发展农业的关键在于努力种植。为政就像对待可塑性很强的蒲卢一样，因此，治政的关键在于为政者自身，选人用人要看重其品德修养，提升品德修养在于遵循大道，遵循大道要从仁义做起。"为政以德"强调修身以立政本，为政者正己修身是实现政治清明的先决条件。孔子言："其身正，不令而行；其身不正，虽令不从"①，即是说当为政者端正自身行为，为百姓做出表率时，统治者即使不制定和颁布政令，百姓也会跟着行动起来；反之，如果为政者自身行为不端，却要求百姓端正，那么纵然三令五申，

① 《论语·子路》。

百姓也不会服从。《论语·子路》载："上好礼，则民莫敢不敬；上好义，则民莫敢不服；上好信，则民莫敢不用情。"为政者讲究礼节，百姓就不敢不尊敬；统治者行为得当，百姓就不敢不服从；统治者诚恳信实，百姓就不敢不说真话。这些都表明了孔子这一立场。

孔子认为，品行端正是每一位为政者必备的修养，"政者正也，子帅以正，孰敢不正?[①]"在他看来，为政者思想行为之"正"是其从政的前提。钱穆先生在《孔子传》一书中认为："就政治言，治人者于治于人者同是一人，惟职责应在治人者，不在治于人者。其位愈高，其权愈大，则其职责愈重。故治人者贵能自反自省，自求之己。"孔子认为为政者自身的道德示范比政令更加管用，他强调为政者应以身作则，正己修身，以自身高尚的品行号召、影响民众，"苟正其身矣，于从政乎何有？不能正其身，如正人何?[②]"为政者的一言一行不只是个人行为，更是一种表率，能够起到榜样示范作用，使民众在不知不觉中模仿学习。

在儒家提倡的"为政以德"政治思想中，不能回避的一个问题便是"为政以德"究竟有何效果，即"为政以德"的最终目的何在？在《论语·宪问》中，孔子给出了答案。"子路问君子。子曰：'修己以敬。'曰：'如斯而已乎?'曰：'修己以安人。'曰：'如斯而已乎?'曰：'修己以安百姓。修己以安百姓，尧舜其犹病诸?'"在这里，孔子提出了"修己以安人""修己以安百

① 《论语·颜渊》。
② 《论语·子路》。

姓”的观点，以“修己”为出发点，内修德性，完善仁德，将内在道德的修养完善落实到具体事功，行王者之政，最终实现“安人”“安百姓”的圣王功业。在这里，“修己”主要表现为一种以“仁”为价值指向的道德内省和为仁由己的责任担当，它以成“圣”为最高目标，表现为一种内在的精神超越性。在孔子看来，圣王人格的形成不是一蹴而就的，需要循序渐进。他将君子人格作为接近圣王人格的阶段性目标，提出由君子而圣人，唯有先实现君子的人格理想，才有可能向圣王人格发展。

就内容而言，对“仁”的领会和实践，构成了孔子“内圣”人格理想的基本内容。“仁”作为孔子修身思想的核心，包含了孝、恭、敬、忠等要义。如“君子务本，本立而道生，孝弟也者，其为仁之本与”①，直言孝悌是为仁的根本。又如樊迟问仁，孔子说：“居处恭，执事敬，与人忠。虽之夷狄，不可弃也。”②“居处恭”即“慎独”，道德修养的养成虽然需要来自外部的道德教育的引导，但归根结底取决于内在的自觉。一个人独处的时候，更应该谨言慎行。“执事敬”即为人处事要秉持一种诚敬的态度，对自己承担的任务要尽心竭力去完成。“与人忠”即以诚待人，为人办事真心实意。慎独、诚敬、诚意是修己的具体表现形式，为政者只有心怀“天下归仁”的政治理想，才能在日常生活中自觉约束自身言行，克制欲望，提升道德修养。

在孔子看来，为政者应通过正心修身、道德内省等方式，不

---

① 《论语·学而》。
② 《论语·子路》。

断扩充内在德性，为济世安民目标的实现奠定个人道德修养基础。为政者将“为政以德”作为施政方针，为民众做出表率，对人民“道之以德，齐之以礼”①，行德爱民，以礼为国，才能最终实现“修己以安民”的圣王功业，建设出天下归仁、天下有道的理想社会。

第二节　《大学》：“自天子以至庶人，一是皆以修身为本”

孔子的修身为为政之本的思想，在孔子的弟子及再传弟子那里得到了进一步的阐发。《大学》《中庸》被视为孔子后学的重要著作，《大学》明确提出了“自天子以至庶人，一是皆以修身为本”的口号；而《中庸》也明确指出，“知所以修身，则知所以治人；知所以治人，则知所以治天下国家矣”。

《大学》将修身视为个体道德修养体系的价值目标和根本目的，同时也将其视为治国、平天下的前提和起点。《大学》云：“古之欲明明德于天下者，先治其国；欲治其国者，先齐其家；欲齐其家者，先修其身；欲修其身者，先正其心……心正而后身修，身修而后家齐，家齐而后国治，国治而后天下平。”在这里，“明明德”是人内在道德人格的完善，“亲民”是个人政治伦理追求的表现，而二者的终极目标就是止于至善。《大学》指出，通

① 《论语·为政》。

过“格物”“致知”“诚意”“正心”的道德修养方式，实现“齐家”“治国”“平天下”的政治目标，也就是由“内圣”而“外王”的实践过程。明明德、亲民、止于至善，这三者之间并不是简单的、一维视角下的纵向伸展关系，而是一种围绕着至善而展开的互动关系。“明明德”即是知，“亲民”即是行，无行之知不是真知，不知之行也是盲目的。只有当“明明德”与“亲民”完美结合时，才能“止于至善”，才会实现“内圣外王”的理想人格。

宋代大儒朱熹将格物、致知、诚意、正心、修身、齐家、治国、平天下称为“八条目”。“自天子以至庶人，一是以修身为本”，可见“修身”是“八条目”的根基所在，其余七目都是围绕这一中心展开的。向内，由格物致知开始，通过诚意、正心，达到明德于身的“内圣”境界；向外，由修身起，通过齐家、治国，实现平天下的“外王”目标。由修身到齐家、治国、平天下，是一个循序渐进、不断深化的过程。社会的大同与和谐，关键在于人们能自觉修身正己，以“明德”为始进而“亲民”，最终实现社会的“至善”。这与孔子所强调的“修己以安人”道理是一致的，都体现了“修己”“修身”对于齐家、治国、平天下的重要意义。

关于具体的修身途径，《大学》给出的方式是格物、致知、诚意、正心。“格物”即要求“即物穷理”，推究事物的原理，从而获得知识；“致知”即要求在实际行动中澄明本心，求得真知。朱熹在《四书章句集注》中将“格物致知”解释为“穷究事物道理，致使自心知通天理”。“诚意”是指在推致事物之理的基础上保持“诚”，即真实无欺。《大学》曰：“所谓诚其意者，毋自欺也，如恶恶臭，如好好色，此之谓自谦，故君子必慎其独也。”“诚意”即念头真诚不自欺，既不自欺，也不欺人，做到自谦而慎独。“正心”指端正自己的心思，使意念纯正。纯正的心思是修身的基础，如果心有偏私或者心思不真，便会惑于事理，自然无法修身。所以人们只有随时保持平静无偏之心，才能有进德修业的成果。每个人要培养自己真诚的心思，就要对己对人坦诚，慎独自省，不断从事调整和改变内心的意识活动。总之，“诚意”“正心”是说去除各种私心杂念，保持心灵的纯洁与宁静，为人处世都要端正心意。由“格物致知”到“诚意正心”正是主体道德修养的步骤和环节，“格物致知”必须配合“诚意正心”。

修身是治国、平天下的起点和基础，而修身重在修心。由内到外、由小到大、由家到国乃至天下的实践道路，是有先后顺序的。《大学》提出“齐家”之论，就是指通过修身来教化家人，做到父慈子孝，兄友弟恭，夫义妇顺，各尽本分，以此营造和睦有序的家庭氛围。必须站在齐家的立场上，使修身合乎齐家的需要；要用齐家来检验修身的成果，并推测治国的能力。“治国平天下”是儒家外王之道的最高目标。《大学》曰：“所谓平天下在治其国者，上老老而民兴孝，上长长而民兴弟，上恤孤而民不倍，是以君子有絜矩之道也。”实现平天下的目标，关键在于“治国”。每个国家都优先考虑本国的利益，然后推己及人；要将利益推及其他各国，非有平天下的胸怀不可。

综上所述，大学之道揭示了儒家理想人格修为的一般过程，它以“格物”为起点，由此提高道德修养，进而实现齐家、治国、平天下的社会理想，是一个“内圣外王”的理论体系。可以说，“大学之道”既是儒家学说的精髓所在，也是对尧舜以来古圣先贤智慧的凝练与总结。

第三节　孟子：“其身正而天下归之”

修身与为政是孟子仁政思想的两项重要内容。他主张人性本善，希望为政者通过“反求诸己”使自己成为仁君、仁臣，从而推行仁政，最终实现王道政治。

孟子继承了孔子为政以德、齐民以礼的思想，并对其做了进一步的发展，他深刻地指出，君主的道德素养对治理国家具有十分重要的影响。孟子指出：“君子之守，修其身而天下平”①，强调修身对于治国的必要性。此外，孟子不断告诫当政者：“天子不仁，不保四海；诸侯不仁，不保社稷”②，“老吾老，以及人之老；幼吾幼，以及人之幼。天下可运于掌”③。孟子指出，推行恩德就可以保住万里疆土；反之，恐怕连自己的妻儿都难以保全。用怜惜他人的心思去颁布怜爱他人的政策，这样治理天下就会变得很容易。他说：“君仁，莫不仁；君义，莫不义；君正，莫不正。一正君而国定矣。”④ 只有德行端正的君主，才能使百姓拥有

---

① 《孟子·尽心下》。
② 《孟子·离娄上》。
③ 《孟子·梁惠王上》。
④ 《孟子·离娄上》。

良好的素养，才可使国家长治久安，稳定发展。孟子言：“事，孰为大？事亲为大；守，孰为大？守身为大。不失其身而能事其亲者，吾闻之矣；失其身而能事其亲者，吾未之闻也。孰不为事？事亲，事之本也；孰不为守？守身，守之本也。”① 在此，孟子强调守身、修身与事亲、孝亲一样重要，二者都是为人的根本。不但如此，孟子还直接表明：“故士穷不失义，达不离道。穷不失义，故士得己焉；达不离道，故民不失望焉。古之人，得志，泽加于民；不得志，修身见于世。穷则独善其身，达则兼济天下。”② 人无论穷达都要修身正己，因为“人有恒言，皆言天下国家，天下之本在国，国之本在家，家之本在身，其身正而天下归之”③。治国的根本在修身，只要行为端正、德行优良，那么就会吸引天下之人归依。

孟子的修身思想重在强调仁德修养，强调“以德行仁者王”④。他把孔子“为政以德”的德治思想发展为施“王道”、行“仁政”的政治方针。一方面，施仁德于民符合民众的内在需求，“得其民有道，得其心，斯得民矣；得其心有道，所欲与之聚之，所恶勿施尔也”，满足民之所欲即仁义道德，所以说“民之归仁也，犹水之就下、兽之走圹也”。⑤ 另一方面，以德治国又是实现王道一统、海内融洽的唯一手段。孟子指出：“以力假仁者霸，霸必有大国；以德行仁者王，王不待大。汤以七十里，文王以百

---

① 《孟子·离娄上》。
② 《孟子·尽心上》。
③ 《孟子·离娄上》。
④ 《孟子·公孙丑上》。
⑤ 《孟子·离娄上》。

里。以力服人者，非心服也，力不赡也；以德服人者，中心悦而诚服也，如七十子之服孔子也。”① 所谓“霸道”，就是“以力假仁者”凭借武力征伐天下，以暴力手段使百姓遵从的政治路线。战国时期，诸侯割据称雄，为了达到“辟土地，朝秦楚，莅中国而抚四夷”② 的目的，诸侯国合纵连横，以武力巩固、壮大自身实力，孟子将这种政治路线称为“霸道”。“霸道”必须依赖强大的国力才能实现。所谓“王道”，就是通过道德教化等手段，以仁心行仁政，从而获得百姓支持的政治路线。“王道”不必依赖强大的国力就能实现。孟子总结了夏、商、周三代兴亡的历史经验教训，结合当时割据混战、民不聊生的社会现实，力倡“王道”，贬抑“霸道”。他强调，只有施行仁政，才能使天下人信服，只有推行王道，以德教化百姓，才能赢得民心，长保天下。

孟子继承了孔子“仁”的思想，他以性善论为内在基础，进而发展成较为系统的仁政思想。

孟子认为，人性之所以是善的，是因为人先天具有善端，即仁义礼智。“人之有四端也，犹其有四体也”③，孟子认为，“四端”犹如人的四肢，是人生而具有的：

恻隐之心，仁之端也；是非之心，义之端也；辞让之心，礼之端也；是非之心，智之端也……凡有四端于我者，知皆扩而充之矣，若火之始然，泉之始达。苟能充之，足以

---

①《孟子·公孙丑上》。

②《孟子·梁惠王上》。

③《孟子·公孙丑上》。

保四海；苟不充之，不足以事父母。[1]

恻隐之心、羞恶之心、辞让之心、是非之心是人不虑而知、不学而能的良知、良能，是道德理性“仁”“义”“礼”“智”的萌芽。“仁义礼智，非由外铄我也，我固有之也”[2]，它是天赋予人的、内在固有的道德直觉。通过后天的反身而诚，在心上做道德修养功夫，将这些萌芽的善端扩而充之，使“四端”发展成为“四德”，就能使人心保持道德明觉的状态。

孟子从人性本善入手，重点讨论了仁政与善性之间的关系。他认为仁政和善性二者是密不可分、息息相通的，仁政来源于统治者的不忍人之心，它与百姓的善心善性彼此相通。只有依不忍人之心，行不忍人之政，将仁心行于仁政，才能获得民心，一统天下。“人皆有不忍人之心。先王有不忍人之心，斯有不忍人之政矣。以不忍人之心，行不忍人之政，治天下可运之掌上。”[3] 这种“不忍人之心”（或称“仁心”）即是孟子性善论思想的核心。在他看来，那些能够实现济世安民、完成统一大业的君主，都是推行仁政的君主，而这种仁政正是由统治者的“不忍人之心”向外推扩而来的。孟子还以“不忍人之心”的有无作为判定人禽（人兽）之异的依据，认为“不忍人之心”是人之所以为人的本质，是一切道德的根源。孟子讲“仁义礼智根于心”，这个“心”就是“不忍人之心”，就是人的道德本心。

---

① 《孟子·公孙丑上》。
② 《孟子·告子上》。
③ 《孟子·公孙丑上》。

孟子的以仁心行仁政思想进一步丰富了儒家“内圣外王”的思想架构和治国理念。在肯定孔子的仁礼之说的基础上，孟子通过“性善论”进一步将外在的社会规范与内在的道德自觉联系起来，并突出了“内圣外王”思想架构中“内圣”作为前提和基础的必然性和重要性。仁、义、礼、智根植于每个人的本性，如果人能“求其放心”并“存而养之”，则天下可大定。孟子将政治和心性修养合而为一，认为德与位是一体不分的。正如思孟学派的经典《中庸》所说：“大德必得其位，必得其禄，必得其名，必得其寿。”

孟子强调通过道德修身成就圣人人格之于国家治理的基础作用，他倍赞圣王理想人格在道德人格中的崇高地位，指出“规矩，方圆之至也；圣人，人伦之至也”①，并就“内圣外王”理想人格的达成，构建了一条由内而外的修养路径。一方面，从“性善论”出发，孟子所理解的“内圣”既具有人生而为善的先天性，又具备“知其不可为而为之”的主观能动性，在肯定人内心具有先天道德意识的同时，也强调人要发挥道德修养的主观能动性。如孟子说，“圣人既竭目力焉，继之以规矩准绳，以为方圆平直，不可胜用也；既竭耳力焉，继之以六律正五音，不可胜用也；既竭心思焉，继之以不忍人之政，而仁覆天下矣”②；又如“吾未闻枉己而正人者也，况辱己以正天下者乎?”③另一方面，孟子对“外王”的阐释，重在强调由仁心而生发出的对仁政的施

① 《孟子·离娄上》。
② 《孟子·离娄上》。
③ 《孟子·万章上》。

行。他强调，君主在建立功业的同时，也需要不断地修养学习和自省，唯有如此，才能真正行仁政于天下。例如他说，“以善服人者，未有能服人者也；以善养人，然后能服天下，天下不心服而王者，未之有也”①。由上可见，孟子通过“性善论”建构的“内圣外王”理想，首先强调了“内圣”的基础性地位。“外王”是通过“内圣”而导出，同时“成圣”和“成王”又是相辅相成、不可分离的。

对于修身的途径，孟子提出了“存心养性”的修身方法。他说：“君子所以异于人者，以其存心也。君子以仁存心，以礼存心。”② 又说：“养心莫善于寡欲。”③ “尽其心者，知其性也。知其性，则知天也。存其心，养其性，所以事天也。夭寿不二，修身以俟之，所以立命也。”④ 孟子倡言，人必须善于养气，并提出了“养气”说，即所谓“我善养吾浩然之气”⑤。关于浩然之气究竟指的是什么，孟子认为其“难言也。其为气也，至大至刚；以直养而无害，则塞于天地之间。其为气也，配义与道；无是，馁也。是集义所生者，非义袭而取之也”⑥。这里的“浩然之气”是“集义所生”的一种道义之气，是人性中本来就有的善端发展与扩充的结果。

在继承孔子仁学的基础上，孟子循着尊民、富民、教民的路

---

① 《孟子·离娄下》。
② 《孟子·离娄下》。
③ 《孟子·尽心下》。
④ 《孟子·尽心上》。
⑤ 《孟子·公孙丑上》。
⑥ 《孟子·公孙丑上》。

径，构建了一个以仁政思想为核心的国家治理模式。孟子的性善论和仁政学说，以统治者的仁心修养为前提，分别从内、外两个方面对孔子仁学思想做了进一步的阐释和发挥，使“仁”具备了更为普遍的社会意义。

第四节　荀子：“修己而后敢安正”

先秦儒家的集大成者荀子所处的时代已是战国末期，他不仅承袭了孔孟一贯坚持的“修身、齐家、治国、平天下”的道德践履路径，同时也在一定程度上融合了诸子百家的思想主张，并结合战国时期特定的社会背景，对修身为政做了进一步的探讨。一方面，荀子继承了孔子“为政以德”的思想，认为为政者要巩固自己的统治，就必须修德以化人，即以德导民，一个国家政治的好坏与其君主的德行有着密不可分的关系。《荀子·君道》载：“请问为国。曰：闻修身，未尝闻为国也。君者，仪也；民者，影也；仪正而景（影）正。君者，盘也；民者，水也；盘圆而水圆……故曰：闻修身，未尝闻为国也。”荀子认为，对一国之君而言，修身是为政治国的必要前提，国君身正，则其国可治，国君不正，则其国必乱。

另一方面，与孔孟不同的是，荀子指出，为政者之所以要注重修身，是因为人先天“性恶”。“今人之性，生而有好利焉，顺是，故争夺生而辞让亡焉；生而有疾恶焉，顺是，故残贼生而忠信亡焉……然则，从人之性，顺人之情，必出于争夺，合于犯分、乱礼，而归于暴。”[①]“性”在人身上主要以“欲”的形式体现，若依从人的本性，放纵情欲，就会导致“犯分、乱礼”的行为发生，危害社会秩序。对此，荀子提出，要使人去恶从善，避免社会混乱，必须由君主制定礼仪、规范，对人们的欲望加以限制。《荀子·儒效》言：

> 性也者，吾所不能为也，然而可化也；情也者，非吾所有也，然而可为也。注错习俗，所以化性也；并一而不二，所以成积也。习俗移志，安久移质。并一而不二，则通于神明，参于天地矣。

从认可人性改造的立场出发，荀子指出，良好的环境和后天的修养教化可以改变人的性情，从而使人形成理想的道德人格。君主是百姓德行的引导者，代表了政治道德的价值取向，因此，君主必须严格按照礼仪规范要求自己，不断提高自身修养，积善成德，同时还要以礼仪规范社会成员的道德行为。唯有如此，才可以巩固自己的统治地位。

同孔孟一样，荀子也充分认可道德对于修身的重要意义。对此，荀子论述道：

> 见善，修然必以自存也；见不善，愀然必以自省也。善在身，介然必以自好也；不善在身，菑然必以自恶也。故非

---

① 《荀子·性恶》。

我而当者，吾师也；是我而当者，吾友也；谄谀我者，吾贼也。故君子隆师而亲友，以致恶其贼。好善无厌，受谏而能诫，虽欲无进，得乎哉？小人反是，致乱而恶人之非己也，致不肖而欲人之贤己也，心如虎狼、行如禽兽而又恶人之贼己也。谄谀者亲，谏争者疏，修正为笑，至忠为贼，虽欲无灭亡，得乎哉？[①]

在这里，荀子阐明了修身的重要意义。此外，荀子还强调："闻修身，未尝闻为国也"[②]，"臣下百吏至于庶人，莫不修己而后敢安正"[③]，把修己作为为政者的首要之务。圣人以礼义教化的方式引导百姓弃恶从善，合于礼义之道。那么圣人是如何产生的呢？对此，荀子认为，圣人并非源于天生，而是"起于变故，成乎修为，待尽而后备者也"[④]。古代圣王的高尚人格并不是与生俱来的，即使是普通百姓，只要善于挖掘自身蕴含的知善、行善的潜能，不断提高自身修养，改造本性，积善成德，也可以成为像尧、禹那样的圣贤。

那么修身的具体方法有哪些呢？对此，荀子提出了隆师亲友、养心省身、重德轻貌、虚一而静等一系列修身养心之法。荀子认为，只要按照这些方法"好法而行"，"笃志而体"[⑤]，就会成为"敬天而道""畏义而节"的"君子"，达于"骄富贵""轻

① 《荀子·修身》。
② 《荀子·君道》。
③ 《荀子·君道》。
④ 《荀子·荣辱》。
⑤ 《荀子·修身》。

王公”这种“内省而外物轻”的境界。

作为先秦儒家的代表人物，荀子继承了孔孟关于“内圣外王”的思想架构。然而相较于孟子立足“性善论”、侧重强调“内圣”的做法，荀子着重从外王之道的制度设计上扩充“内圣外王”的理论内容。这主要表现在：一方面，荀子主张“隆礼”。《荀子·天论》言：“人之命在天，国之命在礼。君人者，隆礼、尊贤而王。”在荀子看来，天是人的主宰，而礼是国家命运之所系；合格的君主要做到“贵贱有等，长幼有差，贫富、轻重，皆有称者也”①。另一方面，荀子认为圣王人格的养成应该做到“尽伦尽制”，内在的伦理修养和外在的伦理制度要求要达到统一。他指出：“圣也者，尽伦者也；王也者，尽制者也。两者尽，足以为天下极矣，故学者以圣王为师。”② 事实上，荀子并非完全不顾及“内圣”，他只是更多地从战国末期道德衰微、君主昏庸而国事不兴的现实出发，对社会治平进行道德思考。总而言之，荀子对儒家“内圣外王”思想架构中“外王”方面的强调，充实了其本身的理论内涵，为其后来的发展奠定了理论基础。

第五节　管子：“且怀且威，则君道备矣”

齐文化中也蕴含着丰富的修身思想。如作为齐国名相的管子，

---

① 《荀子·礼论》。
② 《荀子·解蔽》。

同样把修身看作治国的基础，并提出了许多关于修身的思想理论。

关于修身与为政的关系，管子认为，为政者自身修养的高低直接关系着人心向背和国家兴衰，因此，为政者应该有良好的品行，严于律己，以身作则，为百姓做出表率，这样才能在百姓中具有感染力和号召力，促进国家的稳定发展。反之，“行不正则民不服”①，当政者自身行为不端，就会丧失民心，引起社会的动荡和混乱，最终导致国家灭亡。关于这一方面，《管子·形势解》有大量精彩的论述：“人主者，温良宽厚则民爱之，整齐严庄则民畏之。故民爱之则亲，畏之则用。夫民亲而为用，王之所急也。故曰：‘且怀且威，则君道备矣。’”为君者温良宽厚，那么百姓就爱戴他；整齐庄严，那么人民就敬畏他。百姓爱戴他就会同他亲近，百姓敬畏他就可以为他所用。百姓亲近君主，而又为君主所用，这正是君主所需要的，也是政治安定和谐的前提。正所谓“中情信诚则名誉美矣，修行谨敬则尊显附矣”②，即内心信诚，名誉就美了；修身严肃认真，尊显就会表现出来。《管子·形势解》言：

> 人主身行方正，使人有礼，遇人有理，行发于身而为天下法式者，人惟恐其不复行也。身行不正，使人暴虐，遇人不信，行发于身而为天下笑者，此不可复之行，故明主不行也。故曰：“行而不可再者，君不行也。”

① 《管子·心术下》。
② 《管子·形势解》。

为政者自身行事端正，对待臣下有礼，与人相处有信，行为处事可为天下的表率，人们唯恐他不多做一些这样的事情。如果为政者行为不端，对待臣下暴虐，与人相处没有信用，所做之事就会被天下人耻笑，这是不可能持久的，明君是不会这样做的。为政者自身行为端正，就会成为天下人的表率，国家便可垂手而治。在这里，管子清晰地指出了修身对于为政者治国安民的重要作用。

此外，《管子·形势解》还从反面论证了为政者修身正己的重要意义。“地大国富，民众兵强，此盛满之国也。虽已盛满，无德厚以安之，无度数以治之，则国非其国，而民无其民也。故曰：‘失天之度，虽满必涸。’”地大国富，民众兵强，这是繁荣昌盛的国家。虽然国家一派繁荣，但是如果没有深厚的德惠来安定它，没有法度策略来治理它，国家还称不上是一个真正的国家，百姓也还不是真正归属于这个国家的百姓。因此，管子认为，厚德于民是安国的关键，它决定了国家的兴衰强弱。

管子直言：“所谓夜行者，心行也。能心行德，则天下莫能与之争矣。”① “夜行”即指“心行”，这句话就是说，如果能够做到内心充满仁德并施于天下，那么天下就没有人能够与之抗争了。由此，管子提出了具体的修身法则。他认为，为政者要谨言慎行，在决策时不要一意孤行，主观臆断，固执己见，而应该“思之，思之，又重思之”②，不能“计得地与宝，而不计失诸侯；

① 《管子·形势解》。
② 《管子·内业》。

计得财委，而不计失百姓；计见亲，而不计见弃。三者之属，一足以削，遍而有者，亡矣”[①]。

管子指出，为政者要谦而不骄，“泽之身则荣，去之身则辱”[②]，自身如果恭谨、谦逊就会受人欢迎，反之，就会遭人鄙弃。“贵而不骄，富而不奢，行理而不惰，故能长守贵富，久有天下而不失也。”[③] 管子劝说为政者要节制有道，以此长守富贵。管子告诫为政者说：“沉于乐者洽于忧，厚于味者薄于行，慢于朝者缓于政，害于国家者危于社稷。”[④] 为政者只有以身作则，严格约束自己，节制自己的私欲，才能使诸侯百姓都来归附，确保国家的稳定发展。管子治齐，首倡礼义，他将礼、义、廉、耻称为“国之四维”，说：“礼不逾节，义不自进……故不逾节，则上位安；不自进，则民无巧诈”，认为“守国之度，在饰四维……四维不张，国乃灭亡”。[⑤]

管子强调，为政者要心怀天下，天下为公。“为人臣者，非有功劳于国也，家富而国贫，为人臣者之大罪也；为人臣者，非有功劳于国也，爵尊而主卑，为人臣者之大罪也。”[⑥] 为政者应该“以家为家，以乡为乡，以国为国，以天下为天下”[⑦]，以无私之心对待天下万民。所谓“有私视也，故有不见也；有私听也，故

① 《管子·中匡》。
② 《管子·小称》。
③ 《管子·形势解》。
④ 《管子·中匡》。
⑤ 《管子·牧民》。
⑥ 《管子·枢言》。
⑦ 《管子·牧民》。

有不闻也；有私虑也，故有不知也”①，如果为政者的内心充斥着私心杂念，那么就会造成横征暴敛、民不聊生、公道不存的乱象，国家就将陷入腐朽衰败甚至灭亡的境地。

第六节　修身为本思想的现代启示

齐鲁文化强调“为政在人”，“修身以立政本”，认为人是施政的主体，施政者的思想观念、道德修养是执政的重要前提，是百姓和顺、社会安定的基础，这对于今天做好党的建设工作和提高党性修养具有重大意义。中国共产党是中国工人阶级的先锋队，也是中国人民和中华民族的先锋队。加强党性修养，无论对党员个人成为“有共产主义觉悟的先锋战士”，还是对我党永葆党的性质，始终成为中国特色社会主义事业的领导核心，都具有重要意义。

“政者正也”，为政者的自我修养是安身立命、治国安邦之本。对共产党员来说，加强修养是提高个人道德境界的重要方法。习近平总书记在河南考察时指出：“面对纷繁复杂的社会现实，党员干部特别是领导干部务必把加强道德修养作为十分重要的人生必修课”，“努力以道德的力量去赢得人心、赢得事业成就”。党的干部特别是党的领导干部作为党的路线、方针、政策的制定者、贯彻者和监督者，在建设党的伟大事业、实现党的奋

① 《管子·任法》。

斗目标中担负着光荣而神圣的历史使命。要担负起这样的历史重任，各级领导干部就要提高素养，提高执政能力、建设能力和治国能力，为百姓作出示范表率，促进良好社会风气的形成。

作为执政党的一员，中国共产党人要常修为政之德，常思贪欲之害，常怀律己之心，永葆共产党人的政治本色。在新进中央委员会的委员、候补委员学习贯彻十八大精神研讨班，十八届中央纪委二次全会，全国组织工作会议等不同场合，习近平总书记反复强调“打铁还需自身硬”，即要求从自己做起，以身作则，言传身教，率先垂范。《论语》说：“其身正，不令而行；其身不正，虽令不从”①，领导干部是党的事业的骨干，是国家发展的中坚力量，在全党起着表率作用。只有领导干部自身素质过硬，群众才会信服，党组织的凝聚力、战斗力才会不断提升。习近平总书记在河北调研指导党的群众路线教育实践活动时，曾深刻地总结历史经验，他指出：凡事都是这样的，上行下效，上率下行，上有所好、下必甚焉，上有所恶、下必不为，上面松一寸、下面松一尺。所以，坚持“两个务必”要从领导干部做起，领导干部要以身作则。我们的党员干部要切实加强道德修养，不断提高道德水平，陶冶道德情操，锤炼道德意志，提高道德境界，巩固道德防线，坚守道德底线，夯实道德基础，做社会主义道德的示范者、引领者、维护者，以自己高尚的道德品行影响和感染身边的群众，以共产党人的道德人格魅力去赢得人心、凝聚人心，激励人民群众崇德向善、见贤思齐，鼓励全社会积善成德、明德惟

① 《论语·子路》。

馨，推动全社会形成和保持良好的道德风尚。只有这样，才能为实现中国梦凝聚强大的精神力量，提供坚实的道德支撑。

加强党性修养需要从以下几方面着重展开：一是要有“天下为公”的思想意识。要牢固树立全心全意为人民服务的思想，正确处理好与人民群众的关系，为党和人民掌好权、用好权，做到为官一任，造福一方，争创业绩。二是要有群众意识。“君舟民水”“民重君轻”是儒家倡导的思想，领导干部一定要牢固树立群众意识，做到一切为了群众，一切依靠群众，从群众中来，到群众中去；要尊重群众，热爱群众，时刻关注广大人民群众的利益和愿望，要把人民群众拥护不拥护、人民群众支持不支持、人民群众赞成不赞成、人民群众答应不答应作为想问题、办事情的出发点和归宿。三是要强化廉洁自律意识。领导干部要时刻自律自觉，时刻警醒自省，严以律己，以身作则，当好勤政为民、清正廉洁的表率。四是要做履行社会公德、家庭美德、职业道德的模范。共产党员要模范履行公民基本道德规范，模范遵守社会公德、职业道德、家庭美德等。

党性修养没有止境，必须持之以恒、坚持不懈。只有把握党性修养的规律，建立长效机制，才能提高党性修养的科学化水平，做到真信、真修、真行。中国共产党人只有不断提高党性修养，才能为中国特色社会主义伟大事业提供源源不断的精神动力。

第五章 尊贤上功

人才是经济社会发展的第一资源。人才发展体制机制改革是全面深化改革的重要组成部分，是党的制度改革的重要内容。协调推进“四个全面”战略布局，贯彻落实创新、协调、绿色、开放、共享的发展理念，实现“两个一百年”的奋斗目标，关键在人才。因此，必须深化人才发展体制机制改革，加快建设人才强国，最大限度激发人才创新、创造、创业活力，把各方面的优秀人才集聚到党和国家事业中来。

回顾五千多年的华夏文明史，不难发现，中华民族自古以来就有重视人才的优良传统。齐鲁文化作为中华文化的重要组成部分，具有丰富的民本思想和独特的用人智慧，这些宝贵的思想智慧为历代政治家、思想家所重视，不仅对后世治国方针、价值观念、人文精神等产生了深远影响，而且对今天的人才选拔任用，依然具有重要的参考价值和现实意义。

第一节　姜太公："尊贤上功"

姜太公，又称吕尚，是周初著名的政治家、军事家，先被周文王赏识，封为"太师"，后辅佐周武王讨伐商纣，成为周朝的开国元勋。周朝建国后，姜太公被封于齐地，成为齐国开国君主和齐文化的创始人。姜太公封齐后，采用了"尊贤上功"的用人政策。对此，《吕氏春秋》中有这样一段记载：

> 吕太公望封于齐，周公旦封于鲁，二君者甚相善也。相谓曰："何以治国?"太公望曰："尊贤上功。"周公旦曰："亲亲上恩。"太公望曰："鲁自此削矣。"周公旦曰："鲁虽削，有齐者亦必非吕氏也。"其后，齐日以大，至于霸，二十四世而田成子有齐国。鲁日以削，至于觐存，三十四世而亡。①

这段文字，对比了太公建齐和周公建鲁的用人方略的不同：

① 《吕氏春秋·长见》。

太公选用人才的首要标准是贤能和功绩，周公选用人才的首要标准则是血缘。后来齐国因“尊贤上功”日益强盛，至齐桓公时称霸中原，鲁国却日渐衰弱，至鲁顷公时为楚所灭。姜太公“尊贤上功”的人才政策在齐国的发展壮大中起到了至关重要的作用。那么，这一用人方略究竟是如何实施的呢？对此，姜太公在其著作《六韬》中作了系统详尽的论述。

选拔人才首先要明确人才的具体标准是什么，即具备何种品质才能被称为人才。在《六韬·文韬·六守》篇中，太公提出了鉴别人才的六个标准，即“六守”：

> 一曰仁，二曰义，三曰忠，四曰信，五曰勇，六曰谋，是谓六守……富之而观其无犯，贵之而观其无骄，付之而观其无专，使之而观其无隐，危之而观其无恐，事之而观其无穷。富之而不犯者，仁也。贵之而不骄者，义也。付之而不专者，忠也。使之而不隐者，信也。危之而不恐者，勇也。事之而不穷者，谋也。

太公认为，仁、义、忠、信、勇、谋是人才需要具备的六种品质，也是选用人才时应遵从的六种标准。在他看来，富有时仍不违法犯罪才算是真正的“仁”，尊贵时仍不骄纵才算是真正的“义”，托付大任时不逃避才算是真正的“忠”，行事时毫无欺瞒才算是真正的“信”，临危不惧才算是真正的“勇”，遇到任何事情都不会束手无策才算是真正的“谋”。那么，怎样才能判断一个人是否具有这样的品质呢？对此，太公提出了“八征”之法：

知之有八征：一曰问之以言，以观其辞；二曰穷之以辞，以观其变；三曰与之间谋，以观其诚；四曰明白显问，以观其德；五曰使之以财，以观其廉；六曰试之以色，以观其贞；七曰告之以难，以观其勇；八曰醉之以酒，以观其态。八征皆备，则贤、不肖别矣。①

“八征”之法是识别一个人是否为贤人的八种方法，主要包括八个方面：一是直接提出问题，看他如何作答；二是追根究底，看他如何应变；三是让人在暗中观察他，看他是否真诚；四是明知故问，以此考察他的德行；五是用钱财贿赂他，看他是否廉洁；六是用美色考验他，看他是否忠贞；七是将困难呈现在他面前，看他是否勇敢；八是用酒灌醉他，看他是否保持常态。如果能经得住这八种考验，那么就可以称为德才兼备的贤能之士。

除了根据人品和德行来判断一个人是否贤能，还可以从反面来观察其是否有与贤者不相符的行为，以此来判定他是否贤能。《六韬·龙韬·论将》言：

所谓十过者，有勇而轻死者，有急而心速者，有贪而好利者，有仁而不忍人者，有智而心怯者，有信而喜信人者，有廉洁而不爱人者，有智而心缓者，有刚毅而自用者，有懦弱而喜任人者。

① 《六韬·龙韬·选将》。

这段引文中提出的“十过”，指的是作为人才不应犯的十种过错：勇敢却轻于赴死，急躁且急于求成，贪婪而好谋私利，仁慈而姑息小人，机智却胆小，诚信却轻信他人，廉洁却无爱人之心，足智多谋却优柔寡断，坚毅却刚愎自用，懦弱且依赖他人。十过犯其一者，可考虑试用；十过多有犯者，应谨慎选用或不予任用；十过皆犯者，则绝不可用。

居于上位者在甄别出真正的人才后，应如何对待他们，才能做到人尽其才呢?《六韬·文韬·文师》篇开篇提出：“君子情同而亲合，亲合而事生之，情也。”意思是说，君子情投才会意合，志同才会道合，一旦情投意合、志同道合，一同追求事业就会成功，这是具有共同情感基础和事业追求的结果。君主如何才能与所选之人具备共同的情感基础和事业追求呢?《六韬·文韬·文师》曰：“天下非一人之天下，乃天下之天下也。同天下之利者，则得天下；擅天下之利者，则失天下。”太公认为，君主要时刻谨记天下不是自己一人的天下，而是天下人的天下。愿与天下人共享利益，才能得天下；若独享利益，就会失去天下。因此，愿与人才分享利益是与人才具备共同情感基础的基本条件，这是领导者调动人才积极性的基础。有了共同的情感基础，领导者就会尊重人才，给予其施展才华抱负的机会。

要想让人才竭尽所能地为国家和社会服务，人才与君主除了具备共同的情感基础和事业追求，还需要一套完备的人才管理机制。太公从名实、待遇、赏罚等方面对此作了制度设计。

《六韬·文韬·举贤》曰：“将相分职，而各以官名举人，按名督实。选才考能，令实当其名，名当其实，则得举贤之道矣。”

从这里可以看出，太公主张选拔人才应当按照其所具备的才能给予相应的职务，以此达到名实相符的效果。

在待遇方面，《六韬·文韬·文师》篇论述道：“缗微饵明，小鱼食之；缗调饵香，中鱼食之；缗隆饵丰，大鱼食之。夫鱼食其饵，乃牵于缗；人食其禄，乃服于君。故以饵取鱼，鱼可杀；以禄取人，人可竭。”钓丝细微，鱼饵可见，小鱼就会上钩；钓丝适中，鱼饵味美，中等大小的鱼就会上钩；钓丝粗长，鱼饵丰盛，大鱼就会上钩。鱼贪吃香饵，就会被钓丝牵住；人才得到君主的俸禄，就会服从君主的指挥。因此，用香饵钓鱼，鱼便可烹食；用爵禄网罗人才，人才就能尽为所用。在这里，太公以钓鱼为喻，直言要吸引不同层次的人才，就应该给予其相应的待遇，使提供的待遇与人才的能力相匹配。只有这样，所用之人才会心甘情愿、竭尽全力地做事。

就赏罚而言，太公认为，赏罚是治国理政必不可少的重要手段，强调“凡用赏者贵信，用罚者贵必”①。奖赏贵在讲信用，该赏的一定赏，这叫“信赏”；处罚贵在言出必行，该处罚的绝不姑息，这叫“必罚”。在太公看来，遵循“信赏必罚”的原则，一定要严格按照事前制定的标准执行，这样才会达到赏一劝百、罚一惩众的效果。

概而言之，姜太公提出的“尊贤上功”中的“贤者”，是具有“六守”即仁、义、忠、信、勇、谋六种品质的人才，为政者可以通过“八征之法”判断一个人是否具备这几种品质，也可以

① 《六韬·文韬·赏罚》。

通过观察其身上有无“十过”来衡量其才能。选拔出人才后，为政者应充分尊重他们的意愿，与他们共享所得利益，同时给予他们与其才华相匹配的职务和待遇，并严格按照奖惩制度进行赏罚，这样才能实现人尽其力。

太公之后，齐国后世君主也多沿用“尊贤上功”的用人策略，广招天下贤能，新兴的齐国在华夏大地的东部站稳了脚跟，最终发展为泱泱大国。可以说，太公倡导的“尊贤上功”的人才观，不仅打破了西周以来以血缘关系为基础的“尊尊亲亲”的人才选拔观念，更将选人、用人提升到事关国家兴衰治乱的高度，确立了以“仁、义、忠、信、勇、谋”为衡量标准的选拔原则，具有超越时代的永恒价值。

第二节 管子：“远举贤人”

管子，即管仲，春秋时期齐国政治家，辅佐齐桓公“九合诸侯，一匡天下”，有“天下第一相”之美誉。管子任内大举改革，推行富国强兵之策，建立了一套较为完备的人才选拔制度，其言行事迹多见于《管子》一书。

齐文化中有尊重人才的优良传统，齐桓公和管子等人更是对人才极为重视。管子认为，“求天下之精材”① 和“收天下之豪

① 《管子·幼官》。

杰”① 是实现国家兴盛的重要保证，直言“争天下者，必先争人”②，强调要使国家立于不败之地，首先要争取人才的支持。在这样的治国理念指导下，管子推行了一系列颇有新意的人才选用制度。

一是选人制度。相较于姜太公时期的人才选拔方式，管子时期的人才选拔更为正式，国家直接发布政令，要求中央和地方各级官员举荐贤能之士。将人才选拔以国家政令的方式予以发布，意味着人才选拔已经固定为一种制度，由此，人才的推选开始带有一定的强制色彩。与此同时，齐国还制定了人才选拔制度——三选制，即人才由乡长、官长、君主三个层级逐级选拔。《管子·小匡》云：“于子之乡，有居处为义好学，聪明质仁，慈孝于父母，长弟闻于乡里者，有则以告。有而不以告，谓之蔽贤，其罪五。”由此可见，在当时的齐国，推荐人才是各级官员的重要职责之一，若明知有贤而不举，便是犯了五种罪行，要受到严厉处罚。除了明确选拔人才的程序和方式，《管子·立政》篇中还提到了固定的选贤周期，“三月一复，六月一计，十二月一著”，每年三个月一上报，六个月一汇总，十二个月进行一次登记。值得一提的是，这一固定的选贤周期，也是姜太公时期不曾有过的。

二是人才培养制度。《管子·权修》言：

---

① 《管子·七法》。

② 《管子·霸言》。

> 一年之计，莫如树谷；十年之计，莫如树木；终身之计，莫如树人。一树一获者，谷也；一树十获者，木也；一树百获者，人也。我苟种之，如神用之，举事如神，唯王之门。

在这里，管子把人才的培养视为百年大计，强调对一个国家而言，培养人才既是当务之急，也是一项长远的政治任务，关系着国家长久的稳定发展。可见，管子不仅注重完善自下而上的选人制度，还注重完善自上而下的、由官方主导的人才培养制度。《管子》中还提到了齐国培养人才的三大措施：一是政策引导，通过国家政策来引导教化百姓。《管子·五辅》曰："得人之道，莫如利之；利之之道，莫如教之以政"，指出用国家政策、法令等来教化民众是培养人才最为快速有效的方法。二是兴办学校，在齐国都城设立"稷下学宫"，在乡里设立"士舍"（即学校），许多有志之士慕名前来学习。据记载，当时仅"稷下学宫"的学士就达"数千百人"之多，场面之恢宏可想而知。三是优化社会环境，提出"教训成俗"的重要思想。上述三种人才培养措施的实施，大大提高了齐国境内人才的数量和质量，为齐桓公实现春秋霸业奠定了坚实的人才基础。

三是人才标准。管子所选拔、培养的人才与姜太公所选、所育之人有何不同呢?《管子·小匡》云："于子之乡，有居处为义好学，聪明质仁，慈孝于父母，长弟闻于乡里者，有则以告。有而不以告，谓之蔽贤，其罪五。"意思是说，地方长官要时常留意，平时在乡里是否有行义、好学，聪颖且品质仁厚，孝悌之名闻于乡里的人，如果有的话，就要报告。有而不报，就叫作埋没人才，将犯五种罪行。在这里，管子借桓公之口，间接指出贤才应具有为义好学、聪明质仁、孝敬父母及敬重兄长等优秀品德，也就是说，在管子看来，所谓的人才需具备义、智、仁、孝、悌、好学等品质。关于人才应具备的品德，《管子·牧民》篇中有一段著名的论述：

> 国有四维，一维绝则倾，二维绝则危，三维绝则覆，四维绝则灭。倾可正也，危可安也，覆可起也，灭不可复错也。何谓四维？一曰礼，二曰义，三曰廉，四曰耻。

管子将礼、义、廉、耻称为“国之四维”，直言：“礼不逾节，义不自进。廉不蔽恶，耻不从枉。故不逾节则上位安，不自进则民无巧诈”[①]，认为“守国之度，在饰四维……四维不张，国乃灭亡”[②]。因此，礼、义、廉、耻可以看作是管子对于人才品德方面的要求。除了品德方面，管子认为，人才还应具备某些特殊的才能。他对通过“三选”法选拔出的人才，文称贤，武称才，并将具备专业技能和文化素养的人都视为人才。因此，就人才的内涵而言，管子所提倡的人才概念较于姜太公而言，其外延又宽泛了许多。

四是人才考核制度。与姜太公类似，管子也认为人才的考核

---

① 《管子·牧民》。
② 《管子·牧民》。

应从德、能、功三个方面展开。《管子·立政》言：“君之所审者三：一曰德不当其位；二曰功不当其禄；三曰能不当其官”，也就是说，人才的考核应着重关注其德行与其所处之位是否相符，其功绩与其俸禄是否相当，其才能与其官职是否相配，此谓考核人才之“三本”。此外，为政者在进行人才考核时还应遵循四条基本原则：“君之所慎者四：一曰大德不至仁，不可以授国柄。二曰见贤不能让，不可与尊位。三曰罚避亲贵，不可使主兵。四曰不好本事，不务地利，而轻赋敛，不可与都邑。此四务者，安危之本也。”① 也就是说，卿相要注意考核其德行是否够高，重臣要注意考核其是否能把爵位让给更贤能的人，将帅要注意考核其是否公正无私，地方官员要注意考核其能否恪尽职守，如果无法达到相应的要求，就不能授予其相应的职务。管子将人才考核的四条标准视作维护国家稳定的四条基本原则，也称之为“四固”。

总之，管子用于选拔人才的“三选”法，用于人才考核的“三本”“四固”法，以及兴办学校、优化环境等培养人才的措施，使齐国涌现了大批治国人才，这也是后来齐桓公能够称霸诸侯的重要原因之一。

第三节　孔子：“选贤举能”

孔子是春秋时期鲁国著名思想家、教育家、政治家，曾在鲁

① 《管子·立政》。

国任职三年，官至司空、司寇，后因与鲁国执政者政见不同被罢免。孔子弃官后周游列国宣传政治主张，终不见用，晚年归鲁编订六经，授徒讲学，创立了儒家学派。孔子的言行事迹主要记录在《论语》一书中。

《礼记·礼运》篇描述了孔子心目中的理想世界：

> 大道之行也，天下为公。选贤与能，讲信修睦，故人不独亲其亲，不独子其子，使老有所终，壮有所用，幼有所长，鳏寡孤独废疾者，皆有所养。男有分，女有归。货恶其弃于地也，不必藏于己；力恶其不出于身也，不必为己。是故谋闭而不兴，盗窃乱贼而不作，故外户而不闭，是谓大同。

这段引文中的“选贤与能”可以看作孔子对人才能为当政者所用的一种希冀。在他看来，大同世界的实现，其重要内容之一就是要选拔出人才，让他们为国计民生贡献自己的力量。那么，孔子眼中的人才又应该具备哪些品质，为政者又该如何选用人才呢？

《论语》中可以看作是人才称谓的，有“圣人”“仁者”“贤人”“君子”“士”等多种表述，虽然对人才的标准问题，孔子并没有进行过系统明确的论述，但是我们可以依据孔子培养人才的标准，来推测他心目中的人才标准。《论语·先进》中提到了孔子的十大弟子，并将其分为德行、言语、政事、文学四类，其中“德行”在这四种类别中居于首位，可见孔子是将品德作为衡量人才的首要标准。“志士仁人，无求生以害仁，有杀身以成仁”[①]，在孔子看来，“仁”是最高的道德境界，也是人才应不懈追求的品质，人才应把“仁”看作比生命更重要的东西，因为“仁者爱人”，所以人才还应具有“泛爱众”的情怀。孔子在传道于弟子时说：“吾道一以贯之”[②]，对此，曾子解释道：“夫子之道，忠恕而已矣！”[③]“忠”就是忠于内心、尽心竭力；“恕”就是“己所不欲，勿施于人”。因此，“忠恕”也可以说是孔子对于人才在品德方面的要求。此外，《论语》中还有孝、悌、忠、义、勇、恭、宽、信、敏、惠等诸多道德要求，都是孔子注重人才德行的表现。

孔子认为，人才除了应具备良好的德行，还须具备广博的知识和一定的能力。《论语·述而》曰：“子以四教：文、行、忠、信”，孔子将文、行、忠、信作为培养人才的四种内容。除了德行，孔子培养人才时还特别注意文教。他删订《诗》《书》《礼》《乐》《易》《春秋》，并将其作为教材，使学生能够更好地掌握文献知识；同时还教授礼、乐、射、御、书、术六种基本技能，以此培养学生全面发展的能力。此外，孔子还十分注重人才的实践能力，他说：“诵《诗》三百，授之以政，不达；使于四方，不能专对，虽多，亦奚以为？”[④]孔子认为，人才不但要有广博的知识，还应具备将所学知识运用到实际工作中的实践能力。在孔子看来，人才的另一标准是应事接物，保持中庸。“中庸之为德

① 《论语·卫灵公》。
② 《论语·里仁》。
③ 《论语·里仁》。
④ 《论语·子路》。

也，其至矣乎！民鲜久矣。”[①] 意思是说，中庸是至高的道德修养境界，长期以来，已经很少有人能做到了。孔子认为，“中庸”是至高之德，人才处事应该秉持中庸之道，中正平和；这一点，也可以通过孔子的其他言论来参证。“无适也，无莫也，义之与比”[②]，就是说，君子立身处世、应事接物，既无所排拒也无所倾慕，而是以是否合于道作为衡量标准。孔子认为“过犹不及”[③]，即凡事都要尽可能追求一种恰当合理的状态，不能过，也不能不及。“中庸”是儒家关于个人修养和社会治理的基本价值指向，亦称中庸之道。“中”即不偏不倚，中正，中和；“庸”即平常。“中庸”指为人处世要持守中正之道，不偏不倚，也可以理解为一种过犹不及的处事方式。

对人才的考核和任用，孔子也提出了一些方法和原则。

第一，鉴别人才要对其进行全方位的观察和了解。“子曰：‘视其所以，观其所由，察其所安，人焉廋哉？人焉廋哉？’”[④] 考察一个人，不仅要看他是如何做的（做事的方式），还要看他为什么这么做（做事的动机），以及看他平常做人的常态，这样就能够真正认清一个人了。

第二，鉴别人才，考察一个人的德行和才能，既要听取他人的评价，又要仔细分析他人做出这种评价的原因，而不应仅凭世俗的毁誉随意下结论，要做到“众恶之，必察焉；众好之，必察

① 《论语·雍也》。
② 《论语·里仁》。
③ 《论语·先进》。
④ 《论语·为政》。

焉”[1]，“不以言举人，不以人废言”[2]。

第三，选拔人才时，不应过于注重身份和地位，只要是贤能之人，就可以选用。《论语·雍也》记载，孔子弟子仲弓的父亲地位低下，但仲弓有“可使南面”的才能，孔子对此评论说：“犁牛之子骍且角，虽欲勿用，山川其舍诸?”[3] 意思是说，仲弓虽出身卑微，但他拥有出众的才华，所以一定会被重用。

第四，选拔人才要遵循量才而用的原则，不能求全责备。孔子的学生很多，且各有所长。孔子在评议学生时说，孟公绰做大国晋国赵氏、卫氏的家臣是绰绰有余的，但若是担任小国滕、薛的大夫，就会力不从心；公孙赤长于言辞，“可使与宾客言也”[4]（接待外宾）；仲由具有一定的管理才能，可以去千乘之国管理兵役和军政。《论语·子路》记录了仲弓向孔子请教政事的一段对话：“仲弓为季氏宰，问政。子曰：‘先有司，赦小过，举贤才。’”[5] 仲弓做了季氏的总管，向孔子请教政事。孔子回答说，先派定各部门的负责人，赦免部下的小过失，提拔德才兼备的人。正所谓尺有所短、寸有所长，任何人都是既有优点又有不足，对此不应求全责备，而是应宽以待之。孔子主张“大德不逾闲，小德出入可也”[6]，认为人才在大节无误的前提下，即使小节上有所欠缺，也是可以任用的。这种不求全责备的人才观，体现了孔子的

① 《论语·卫灵公》。
② 《论语·卫灵公》。
③ 《论语·雍也》。
④ 《论语·公冶长》。
⑤ 《论语·子路》。
⑥ 《论语·子张》。

人本思想，也折射出儒家特有的人文关怀。

此外，孔子还强调，为政者在选拔人才时应秉持正确的选人原则。《论语·为政》记载：“哀公问曰：‘何为则民服？’孔子对曰：‘举直错诸枉，则民服；举枉错诸直，则民不服。’”孔子就鲁哀公提出的怎样才能使百姓信服政府的疑问，回答道：“选拔正直无私的人，贬黜邪恶奸诈的人，百姓就会服从政府的政令；反之，老百姓就不会信服。”在孔子看来，选拔之人正直与否，不仅直接关系着民心向背，而且会极大地影响民众的心态和对政令的认可度，进而影响为政效果。孔子力倡选拔正直正派之人，因为正直既合乎君子的人格特质，也是为政者的重要品质。

孔子直接参与政治活动的时间并不长，因此并未提出非常系统的人才选拔思想，但长期从教的经历，使孔子形成了一套行之有效的育人之法。

第一，德育智育并举。诚如上文所引《论语·述而》中的一段话，“子以四教：文、行、忠、信”所说，从教学内容上看，孔子的人才教育包括以“忠信”为主要内容的德育和以“文”为主要内容的智育。《论语·学而》记载：“子曰：‘弟子入则孝，出则弟，谨而信，泛爱众，而亲仁，行有余力，则以学文。’”孔子在教导其弟子时，将德育放在首位，强调年轻人应该孝顺父母，尊敬师长，做事谨慎诚信，广施爱心，亲近仁人志士，只有做到了这些，才可以从事理论学习。在这里，孔子强调“行先于学”，即道德先于学问。孔子对“行”的规范，体现了他对春秋时期礼崩乐坏社会现象的反思，其目的在于唤起人们对社会道德的重视，希望通过个体道德修养水平的提高，调整个体与社会间的关系，以此实现社会的和谐有序。

第二，强调知行合一。《论语》开篇提出："学而时习之，不亦说乎？"[①] 学习并且不断实践，不是一件愉快的事吗？这里的"习"指的是练习，包含实践之意。可以说，孔子不仅强调学习，还十分重视学以致用。孔子的弟子曾子说："吾日三省吾身：为人谋而不忠乎？与朋友交而不信乎？传不习乎？"[②] 通过曾子说的这句话不难看出，孔子在教导弟子时，也会要求他们对所学的知识进行实践练习。

第三，注重因材施教。这一育才之法在《论语》中体现得颇为明显。例如孔子在回答众弟子关于"仁"是什么这一问题时，根据弟子秉性、特点的不同，给出了"克己复礼为仁"[③]"己所不欲，勿施于人"[④]"居处恭，执事敬，与人忠"[⑤]"事其大夫之贤者，友其士之仁者"[⑥]"恭、宽、信、敏、惠"[⑦] 等多种答案，以此使弟子根据自己的理解，结合自身的言行更好地把握"仁"的本质。

总之，孔子针对鲁国的国情，提出了与齐国姜太公、管子不尽相同的人才观，对当时及后世的人才培养、选拔和任用产生了重要影响，对今天的人才管理仍然具有极大的启发意义。

---

① 《论语·学而》。
② 《论语·学而》。
③ 《论语·颜渊》。
④ 《论语·卫灵公》。
⑤ 《论语·子路》。
⑥ 《论语·卫灵公》。
⑦ 《论语·阳货》。

第四节　墨子：“尚贤”

墨子，名翟，是战国时期著名的思想家、教育家、军事家，墨家学派的创始人。墨家学说在当时的影响很大，与儒学并称“世之显学”。墨子的生平事迹、言行思想等集中体现在《墨子》一书中，其中，《墨子·尚贤》篇集中反映了墨子“尚贤”的人才观。

《墨子·尚贤上》开篇便言明了“尚贤”的原因和重要性：

> 子墨子言曰：“今者王公大人为政于国家者，皆欲国家之富，人民之众，刑政之治。然而不得富而得贫，不得众而得寡，不得治而得乱，则是本失其所欲，得其所恶，是其故何也？”
>
> 子墨子言曰：“是在王公大人为政于国家者，不能以尚贤事能为政也。是故国有贤良之士众，则国家之治厚；贤良之士寡，则国家之治薄。故大人之务，将在于众贤而已。”

墨子认为，当时诸国贫穷暴乱、民不聊生的根本原因，是为政者没有做到“尚贤事能”，而实现富国强民的根本方法就是广招贤士，使其为国家所用。就“贤”的内涵而言，墨子所言之“贤”与姜太公、管子、孔子等所说的“贤”又有所不同：

曰："然则众贤之术将奈何哉?"子墨子言曰："譬若欲众其国之善射御之士者，必将富之、贵之、敬之、誉之，然后国之善射御之士，将可得而众也。况又有贤良之士，厚乎德行，辩乎言谈，博乎道术者乎！此固国家之珍而社稷之佐也，亦必且富之、贵之、敬之、誉之，然后国之良士，亦将可得而众也。"①

墨子认为"贤良之士"就是"厚乎德行，辩乎言谈，博乎道术"的人。也就是说，"贤"之标准主要包括三个方面：一是"厚乎德行"，即品德高尚；二是"辩乎言谈"，即善于表达；三是"博乎道术"，即学识渊博。德才兼备，似乎是同时期尚贤思想中对"贤"者的共同要求，但不同的人对"德""才"具体含义的理解又有所不同。从前文的论述中可以看出，姜太公所言之"德"指的是他提出的"六守"中的前五个方面，即"仁、义、忠、信、勇"，所言之"才"也就是"六守"中的最后一个方面，即"谋"；管子所言之"德"可以说是主要包括礼、义、廉、耻四个方面，所言之"才"主要是指文韬、武略和专业才能；孔子所言之"德"是指以"仁"为核心的孝、悌、忠、义、勇、恭、宽、信、敏、惠等品德，所言之"才"是指广博的理论知识和将其运用到政治生活中的实践能力。《墨子》一书中提到"德"的地方共36处，分析之后可以看出，墨子所言之"德"主要表现为兼爱（无等差的爱）、节俭（"节用""节葬""非乐"）、守纪

①《墨子·尚贤上》。

奉公（“行天下之利，除天下之害”[①]）和恪守诚信（“口言之，身必行之”[②]）四个方面，所言之“才”则包括善辩的口才和渊博的学识。这里的学识指的是墨子所说的“道术”，其与儒家所言的学识不同，主要指具有实践性和现实意义的学问。

除了“德”与“才”，墨子认为，“贤”者还需要有“功”：

> 举三者授之贤者，非为贤赐也，欲其事之成。故当是时，以德就列，以官服事，以劳殿赏，量功而分禄。故官无常贵而民无终贱，有能则举之，无能则下之。举公义，辟私怨，此若言之谓也。[③]

墨子认为，把爵位、俸禄、权力这三种东西给贤人，并不是要对他们进行赏赐，而是希望他们把事情办成。因此，要根据德行任官，根据官职授权，根据功劳定赏，依据每个人的功劳而赐予禄位。所以，为官之人不会永远富贵，而民众也不会永远贫贱。有能力的就任用他，能力不足的就罢免他，“举公义，避私怨”说的就是这个意思。由此可见，墨子所说的贤者，不仅要德才兼备，还应具备将自身才能应用到工作中的实践能力以及一定的功绩。

总体而言，墨子所言之“贤”需要同时具备德行（兼爱、节俭、守纪奉公、恪守诚信）、才能（辩才、学识）和功绩。值得

---

① 《墨子·兼爱下》。
② 《墨子·公孟》。
③ 《墨子·尚贤上》。

注意的是，墨子强调的贤者不仅可以是中上层人士，也可能是下层民众，“虽在农与工肆之人，有能则举之”①。无论是农民还是手工业者，只要有才能就应该予以重用，任人唯贤，不问出处，这种平等的思想在战国时期是很可贵的。

如何才能选拔出真正的贤者呢？墨子认为应效法古代圣王的选贤之法，“古者圣王甚尊尚贤而任使能，不党父兄，不偏贵富，不嬖颜色”②。也就是说，为政者首先要使自己的态度尽量客观公正，做到不偏私亲近之人、富贵之人和面目姣好之人，秉持这样的选贤原则，那么选拔出的人才才容易使人信服。在此基础上“听其言，迹其行，察其所能而慎予官，此谓事能。故可使治国者使治国，可使长官者使长官，可使治邑者使治邑。凡所使治国家、官府、邑里，此皆国之贤者也”③。通过认真聆听他的言语，观察他的行为，考察他的能力，慎重地根据他的能力授予其相应的官职，就可以使他们发挥自己的特长，辅助君主成就一番事业。

贤者被选拔出来后，要如何对待他们才能使其最大限度地发挥作用呢？《墨子·尚贤上》篇中论述道：“高予之爵，重予之禄，任之以事，断予之令。曰：‘爵位不高，则民弗敬；蓄禄不厚，则民不信；政令不断，则民不畏。’”墨子认为，为政者在得到贤才以后，一定要给予其高官厚禄和实权，不应过多地干涉他们的工作，这样民众才会敬畏他们、信服他们，他们的本领才能

① 《墨子·尚贤上》。
② 《墨子·尚贤中》。
③ 《墨子·尚贤中》。

全部施展，否则，他们即使具备非凡的能力，也难以有所成就。这种尚贤之术，被墨子称为“置三本”：

既曰若法，未知所以行之术，则事犹若未成，是以必为置三本。何谓三本？曰：爵位不高，则民不敬也；蓄禄不厚，则民不信也；政令不断，则民不畏也。①

“爵、禄、权”就是墨子所说的“三本”。“置三本”指的就是给予贤者高官、厚禄和实权。“置三本”不仅是尽贤之术，同时也是墨子所说的众贤之法。书载：

曰：“然则众贤之术将奈何哉？”子墨子言曰：“譬若欲众其国之善射御之士者，必将富之、贵之、敬之、誉之，然后国之善射御之士，将可得而众也。况又有贤良之士，厚乎德行，辩乎言谈，博乎道术者乎！此固国家之珍而社稷之佐也，亦必且富之、贵之、敬之、誉之，然后国之良士，亦将可得而众也。”②

这里提到的“众贤之术”，即增加国内贤士数量的四种手段——“富之、贵之、敬之、誉之”，指的是让贤者在经济上拥有富足的财产，在政治上拥有高贵的地位，在社会中受到足够的

① 《墨子·尚贤中》。
② 《墨子·尚贤上》。

敬重，获得相应的荣誉。这里说的“众贤之术”与上文中所说的“置三本”实质是一样的，都是通过礼遇贤者来吸引更多的贤良之士，让他们为国家的治理贡献才智和力量。

为政者除了需通过“富之、贵之、敬之、誉之”吸引贤良之士，还要对不肖之士秉持“不富、不贵、不亲、不近”的原则，以此引导国内之人主动向贤者看齐，提升自身的道德水平。《墨子》列举了古时圣王的例子：

> 是故古者圣王之为政也，言曰：“不义不富，不义不贵，不义不亲，不义不近。”是以国之富贵人闻之，皆退而谋曰：“始我所恃者，富贵也。今上举义不辟贫贱，然则我不可不为义。”亲者闻之，亦退而谋曰：“始我所恃者，亲也。今上举义不辟疏，然则我不可不为义。”近者闻之，亦退而谋曰：“始我所恃者，近也。今上举义不辟远，然则我不可不为义。”远者闻之，亦退而谋曰：“我始以远为无恃，今上举义不辟远，然则我不可不为义。”逮至远鄙郊外之臣、门庭庶子、国中之众、四鄙之萌人闻之，皆竞为义。是其故何也？曰：“上之所以使下者，一物也；下之所以事上者，一术也。”①

在这里，墨子列举古时圣王的例子，说他们为了倡导民众为义，对不义者进行严厉打击，使其失去富足的财产和高贵的地

① 《墨子·尚贤上》。

位。如此一来，即使血缘亲近、关系紧密的人也会因为不义而被疏远。富、贵、亲、近之人，因为害怕失去已有的荣华富贵而不得不行义事；其他人为了获得财富和地位也愿意行义举。这样一来，百姓就会争着以义行事。同样的道理，如果为政者能做到“不贤不富，不贤不贵，不贤不亲，不贤不近”，那么举国上下也必然会争先向贤者看齐。虽然有一部分人是被迫向贤者靠拢的，但这一方式也不失为一种快速转变百姓思想观念和行为方式的有效方法。

要成为贤者，应从哪些方面做起呢？《墨子》中给出了简单明了的答案：

为贤之道将奈何？曰：“有力者疾以助人，有财者勉以分人，有道者劝以教人。若此，则饥者得食，寒者得衣，乱者得治。若饥则得食，寒则得衣，乱则得治，此安生生。”①

从这段文字可以看出，要成为贤者并不难，有能力的人要用自己的能力帮助别人，有财富的人要把自己的财富与别人分享，有学问的人要用自己的学识教导别人。只要每个人都尽己所能地帮助别人，那么饥饿者就会有食物吃，受冻者就会有衣服穿，百姓就不会饱受战乱之苦，这样，就可以使人各安其生了。

因为人的思想和行为是不断发展变化的，为了使贤者始终保

① 《墨子·尚贤下》。

持贤能之德，墨子提出了“官无常贵而民无终贱，有能则举之，无能则下之”① 的用人机制。这种动态的人才任用机制，对当政者而言是一种鞭策，对想要一展抱负的人而言，同样是一种激励。人才的任用处于动态的发展变化之中，由此就形成了竞争，人才的流动自然也就形成一种良性循环，国家也会随之受益。

概而言之，墨子所提倡的贤者是德行、才能、功绩皆备的人。对于这样的贤良之士，墨子认为，为政者应给予其高官厚禄和一定的实权。由此一来，不仅能使他们充分发挥自己的才干，促使本国百姓向贤者看齐，还能吸引他国贤者慕名而来，这样就会大大增加贤者的数量。就社会群体而言，无论贫富贵贱，无论与为政者是否有血缘关系，只要具有贤能之才，都必将受到重用。墨子的“尚贤”思想不仅在当时令人耳目一新，对今天的人才选拔亦有许多值得借鉴之处。

第五节　孟子：“尊贤使能，俊杰在位”

孟子，名轲，战国时期著名思想家、教育家，师承孔子之孙子思，是先秦时期儒家学派的代表人物。孟子继承并发扬了孔子的思想，被后世尊为“亚圣”，其言论思想见于《孟子》一书。孟子也是一位极其重视人才的思想家，他认为国家强盛之法“莫

① 《墨子·尚贤上》。

如贵德而尊士”[1]，只有“尊贤使能，俊杰在位”[2]，才能实现富国安民、天下一统的目标。孟子关于人才的思想主要集中在人才的选拔标准和选拔方法的探讨方面。

孟子认为，人才首先应该是“仁且智”的。他非常认可子贡“仁且智，夫子既圣矣”[3] 的说法，在他看来，同时具备“仁”和“智”的品格是孔子被称为圣人的主要原因。“仁且智”不仅指“仁”和“智”，它还是“仁义礼智”四德的浓缩表达。孟子将“仁且智”作为衡量人才的基本标准，体现出他对人才品格的高度重视。其次，人才还应具备承受苦难并在苦难中成长的能力。相较于孔子而言，孟子更为注重环境对人才的塑造作用。《孟子·告子下》言：“天将降大任于斯人也，必先苦其心志，劳其筋骨，饿其体肤，空乏其身，行拂乱其所为，所以动心忍性，增益其所不能。”经过苦难的磨炼，人对生活的理解就会更加深刻，心志、身体、品性等各方面也就能得到极大的提高，关键时刻也才能担当大任，成为真正的人才。就环境和挫折对人才成长的重要性来说，这些都是姜太公、管子、孔子等人的人才观中从未提及的。

而为政者应该如何发现百姓当中的人才呢？对此，孟子也有独到见解。

第一，就发现人才的方法而言，孟子提出的最具原创性的一点就是鼓励人才“自荐”。孟子倡言：“如欲平治天下，当今之

---

① 《孟子·公孙丑上》。
② 《孟子·公孙丑上》。
③ 《孟子·公孙丑上》。

世，舍我其谁也!"[①] 这不仅是孟子抒发心志的豪言壮语，也是一种向为政者"表白"的自我推荐。"王如用予，则岂徒齐民安，天下之民举安"[②]，孟子以对自我学识、才华的高度自信，向齐王举荐自己，用实际行动为世之贤能提供了自荐的榜样。

第二，为政者要有真诚的求贤态度和恭敬的求贤行为。孟子在总结前世大才的举用时指出："舜发于畎亩之中，傅说举于版筑之间，胶鬲举于鱼盐之中，管夷吾举于士，孙叔敖举于海，百里奚举于市。"[③] 在这里，孟子举了舜、傅说、胶鬲、管夷吾、孙叔敖和百里奚皆出身普通甚至贫贱，却被居于上位者委以重用的例子，指出若非贤明之君深入民间，明察秋毫，恐怕是不会发现这些旷世之才的。对于这样的贤才，孟子认为，君主应该"迎之致敬以有礼"[④]，不可"欲见贤而召之"[⑤]，强调为政者对待人才应该态度真诚，行为恭敬，这样才能求仁得仁，求贤得贤。

第三，在寻找人才的过程中，要注意考察民意。一方面要注意倾听民声，另一方面还要对民众所举之才进行全面细致的考察。《孟子·万章上》举了尧死后，舜虽远避但百姓依然跟从的例子，以此说明百姓的选择体现了民意，代表着整个社会的共同呼声。君主贤臣依据百姓所推崇的标准去发现人才，就能够有所收获。同时，孟子又告诫为政者，对百姓的言论不可盲从，要进行深入细致的分析和考察。在他看来，应该坚持"左右皆曰贤，

① 《孟子·公孙丑下》。
② 《孟子·公孙丑下》。
③ 《孟子·告子下》。
④ 《孟子·告子下》。
⑤ 《孟子·万章下》。

未可也；诸大夫皆曰贤，未可也；国人皆曰贤，然后察之。见贤焉，然后用之”[①]。无论当朝臣子、诸侯大夫或平民百姓称赞谁，为政者都要对其进行审慎的考察，待全面细致考察后，对于确实可称为人才的，才可予以任用。

要使选拔出的人才尽其所能，充分施展才华抱负，还要注意用人的方法。首先，对于那些已确知才能的人才，为政者要充分听取他们的合理建议，给予他们发挥才能的政治空间；其次，为政者要关心人才的衣食生活。《孟子·万章下》言：“尧之于舜也，使其子九男事之，二女女焉；百官牛羊仓廪备，以养舜于畎亩之中，后举而加诸上位，故曰：‘王公之尊贤者也。’”孟子引用尧尊舜的事迹，说明君主对待人才，要从解决他们的温饱问题入手，关心他们的日常生活，如此，才能免去他们的后顾之忧，使其能充分发挥自身才干，为治国安邦出谋划策。

总之，孟子在继承孔子人才观的基础上，从仁爱思想出发，提出了战国时期优秀人才的基本标准，并对人才选拔、任用的原则方法做了进一步的阐释发挥，独具匠心，见地非凡。

第六节　荀子：“参之以礼，禁之以等”

荀子，名况，战国末期思想家、政治家，儒家学派代表人物，曾三次出任齐国稷下学宫祭酒，后为楚兰陵令。他著有《荀

---

① 《孟子·梁惠王下》。

子》一书，书中多处阐述了尚贤使能的治国思想。

与孔、孟不同，荀子的尚贤思想以引导、节制人的欲望为核心，以解决人们基本生活需求与社会秩序之间的矛盾为目的，意在使两者相持而长，进一步强化对社会秩序的引导。首先，荀子认为，“礼”是选拔人才的主要标准。与孔、孟多将“礼”与道德情感之“仁”相联系不同，荀子着重从立国之本的角度阐发了礼在政治生活中的根本作用。他认为，“国之命在礼”[①]，礼是国家命运所系。“礼者，政之挽也；为政不以礼，政不行矣。”[②] 礼意味着确定的政治秩序，礼的兴废决定着国家的兴衰成败。其次，荀子认为，礼是认识和评判事物的尺度和准绳，直言“取人之道，参之以礼”[③]，可见荀子是将礼作为衡量贤能的首要标准。那么，人才合乎礼的具体表现是什么呢？荀子认为，“明君臣，上能尊主下爱民”[④]，才能称得上是真正的人才。在遵循礼的基础上，还可以按照不同能力和特长对贤者进行划分：

材人：愿悫拘录，计数纤啬，而无敢遗丧，是官人使吏之材也。修饬端正，尊法敬分，而无倾侧之心；守职循业，不敢损益，可传世也，而不可使侵夺，是士大夫官师之材也。知隆礼义之为尊君也，知好士之为美名也，知爱民之为安国也，知有常法之为一俗也，知尚贤使能之为长功也，知

---

① 《荀子·天论》。
② 《荀子·大略》。
③ 《荀子·君道》。
④ 《荀子·成相》。

务本禁末之为多材也，知无与下争小利之为便于事也，知明制度、权物称用之为不泥也，是卿相辅佐之材也……①

荀子根据品德的高低和才能的大小，将人才大致分为三类：一类是谨慎、诚实、勤劳的人，这样的人可以委任为基层官员；一类是品德端正、尊崇法制、重视名分、忠于职守，能遵守制度和履行职责的人，这样的人可以委任为中层官员；还有一类是尊崇礼义、尊君重贤、爱民安国、明定制度、善于用人的人，他们懂得务本抑末、重农轻商以增加财用，不与民众争夺小利，懂得变通，这样的人可以委任为卿相。由此可以看出，在荀子看来，贤者并非样样精通，而是具有某方面的管理才能。

在人才的任用方面，荀子强调量能授职，极为重视等级差别。《荀子·君道》篇提出“用人之法，禁之以等”，“论德而定次，量能而授官，皆使人载其事，而各得所宜”。从“性恶论”的观点出发，荀子认为，国家的治理必须要依等级制度而行，否则人们就会无所归依，国家就不能实现统一，天下就会出现混乱，因此，人才的任用也应重视等级差别。尽管如此，荀子并不反对唯贤是举，其不囿于亲疏的思想在其人才观中表现得尤为突出。荀子认为，对人才选拔，“内不可以阿子弟，外不可以隐远人”②，举贤不应问亲疏，而应坚持唯能者取之。此外，荀子的人才观还包含破格提拔人才的思想。《荀子·王制》篇记载：“请问

① 《荀子·君道》。
② 《荀子·君道》。

为政。曰：贤能不待次而举，罢不能不待须而废，元恶不待教而诛，中庸民不待政而化。”对于有德行、有才能的人，不必依照级别次序提拔，对于不称职不合格的人，无须等候片刻而应立即罢免，对于元凶首恶，无须教育而应马上诛杀，对于普通民众，不应借助行政手段而应施以道德教化。

综上所述，荀子将“礼”作为衡量人才的主要标准，认为贤者无须样样精通，只要具备一定的特长和管理能力即可；选拔人才不必过分注重其出身，而应依据其品德高低和能力大小授予官职，如果才能出众，还可以破格提拔。

第七节　尊贤上功思想的现代启示

在诸侯争霸的春秋战国时期，齐鲁大地上的政治家、思想家们都十分重视人才在国家建设中的重要作用，他们分别从不同的角度提出了各自的人才选用主张。纵观齐鲁文化中几种具有代表性的人才观，不难发现，其在人才标准、选拔方式、管理机制和培养原则等方面既各具特色，又有相同之处。

一、人才标准

德才兼备，以德为先；注重实践，有所专长。德才兼备，以德为先，是齐鲁文化中人才观对于人才的共同要求。尽管齐鲁先贤们对“德”与“才”的定义不尽相同，但其内核是一致的。有德者，无论是姜太公口中的“六守”之士，还是孔子口中的“仁义”之士，都有为国为民之心，凡事以大局为重，以公利为先；有才者，无论是管子口中的文臣武将，还是墨子口中的辩才博士，都有兴国安邦之能，大贤能富国强兵，小才也可保一方平安。

在德才兼备的基础上，还要有将才学转化为功绩的实践能力。“纸上谈兵”算不得真正的才能，只有经得起实践检验的，才能称得上是真才实学。因此，姜太公提倡“尊贤上功”，管子讲究以功受禄，孔子强调人才要能“授之以政”“使于四方”，墨子主张量功分禄，荀子提出量能授职，都是在强调人才要有真才实学。

二、选拔方式

观其言行，逐层选拔；唯贤是举，破格录用。春秋战国时期，选拔人才的方式相对比较单一，主要是各级官员深入民间，听取民意，再通过日常言行对人才进行甄别考察，确定其德行、才干之后，再行举用。人才的选拔只重德行和才能，不问出身、唯贤是举，这是当时人才选拔政策的一大进步，也是春秋战国时期人才辈出、百家争鸣的主要原因之一。

此外，孟子提倡有才学者大胆向为政者进行自我推荐，他认为自荐者若有真才实学，必会被选拔任用；管子发布国家政令进行人才选拔，并实行逐层、定期选拔人才的“三选”制，为齐国选拔出了大批人才，为桓公的春秋霸业积累了人才资源，体现出为选拔人才订立法规制度的重要性；荀子还提出了破格提拔人才的思想。

三、管理机制

量才而用，量功分禄；定期考核，赏罚分明。太公用才强调“实名相当”“信赏必罚”；管子强调用人要德当其位、禄当其功、能当其官；孔子不仅注重因材施教，同时也注重因材施用；墨子主张“以德就列，以官服事，以劳殿赏”；荀子主张用人要“论德而定次，量能而授官”。可见，量才而用、赏罚分明，是齐鲁先贤们在管理人才方面达成的共识。同时，齐鲁先贤们都很重视人才任用后的定期考核，尤其是墨子“官无常贵而民无终贱，有能则举之，无能则下之”的动态考核管理理念，为人才的流动进入一种良性循环指明了方向。

四、培养原则

德育为先，德智并举；国家引导，学以致用。正是基于德才兼备、以德为先的人才选拔标准，齐鲁先贤的育才原则也是坚持德育为先，德智并举。另外，人各有长短，育才应助其扬长避短，故培养人才应秉承因材施教的原则。在诸侯争霸的春秋战国时期，齐鲁先贤们更加重视人才的实践能力，在培养人才时，也大多强调学、习结合，学以致用。值得一提的是，姜太公、管子、墨子、孟子等人都十分注重社会环境对人的影响，认为国家应制定培养人才的方针政策，营造尊贤爱才的社会氛围，引导百姓立志向贤。

为政之道，在于用人。中华民族的伟大复兴，需要培养和用好大规模的高素质人才。党的十八大以来，习近平总书记发表了一系列关于人才工作的重要讲话，并将深入实施人才优先发展战略、加快建设人才强国置于更加突出的位置。习总书记讲话中的诸多理念与齐鲁文化中的人才观不谋而合，二者相互印证，为我国新时期的人才建设提供了很好的借鉴和参考。

如关于人才标准问题，习近平总书记在 2014 年的北京大学师生座谈会上指出："道德之于个人、之于社会，都具有基础性意义，做人做事第一位的是崇德修身。这就是我们的用人标准为什么是德才兼备、以德为先，因为德是首要、是方向，一个人只有明大德、守公德、严私德，其才方能用得其所。"德为才之帅，才为德之资，这与齐鲁文化中德才兼备、以德为先的人才标准是完全吻合的。此外，习近平总书记还强调："要形成一种风气，年轻干部都争先恐后到艰苦岗位、到基层去，并以此为荣"，坚持干部在基层培养、人才从一线选拔的方针，其主要目的就是在实践中识别人才，同时也使人才在实践中得到锻炼和成长，这与齐鲁文化中重视实践能力的人才标准也是一致的。

又如对人才的选拔，习近平总书记在 2013 年的全国组织工作会议上强调，要"既看发展又看基础，既看显绩又看潜绩"，对干部的认识不能停留在感觉和印象上，必须健全考察机制和办法，多渠道、多层次、多侧面深入了解，避免简单地以"不错"或"不行"的模糊评价来决定干部是"上"还是"下"。以上这些观点，是对战国时期"听其言，迹其行"的人才选拔方式以及齐国为选拔人才订立法规制度等做法的继承和发展。

再如，在人才的任用和管理方面，习近平总书记指出："用人得当，就要科学合理使用干部，也就是说要用当其时、用其所长。""用什么人、用在什么岗位，一定要从工作需要出发，以事择人。"这种"用其所长""以事择人"的用人原则与齐鲁先贤们"量才而用"的用人原则如出一辙，有利于实现人才价值的最大化。习近平总书记在哲学社会科学工作座谈会上说："要深化管理体制改革，形成既能把握正确方向又能激发科研活力的体制机制，统筹管理好重要人才、重要阵地、重大研究规划、重大研究项目、重大资金分配、重大评价评奖活动。"这不仅体现出人才管理体制对于人才培养的重要作用，同时也是春秋战国时期"量功分禄，赏罚分明"这一人才管理原则的进一步发展。

最后，在重视人才的培养方面，习近平总书记指出，领导很重要的责任，就是为人才的成长创造环境、创造机会，使他们有用武之地。领导对人才最重要的关怀，就是让他们都能施展才干、实现价值，不断增强自立自强的本领，凭借自己的实力去开创美好的未来。这体现了国家对人才成长环境的重视，与姜太公、管子、墨子、孟子等人倡导的国家引导人才培养的主张也是一致的。

总之，当下我国新时期的人才思想，与齐鲁文化中的人才观是一脉相承的。只有不断从中华优秀传统文化中汲取识人、选人、用人、育人的智慧，并将其落实到日常工作中，才能将各类人才凝聚到党和国家的各项事业中来，进而实现中华民族的伟大复兴。

第六章

革故鼎新

中国是一个拥有五千多年历史的大国，也是世界上唯一一个文明不曾中断的国家。在漫长的历史文化长河中，中华文化经历了无数次的风狂雨骤而历久弥新、生机勃勃，正是历代思想家和改革家的积极探索和有益实践，为中华文化的发展注入了生机与活力。中华文明得以不断发展、前行不辍的动力，源于先人们居安思危、不断变革的强烈意识。齐鲁文化中的革故鼎新思想堪称这方面的典范。

第一节　孔子的鼎新之道

变革是春秋时代的主旋律。孔子处于变革的潮流中，不可能不受这个时代风气的熏陶和影响，所以孔子思想中带有变革的因子，是自然而又合情合理的。孔子关于社会变革的观点，是一种改造社会、推动社会全面发展的思想方法，它既是中华民族珍贵的思想文化遗产，也是全世界共有的精神财富。

一、孔子的变革思想，首先源于其内心深处的忧患意识

孔子生活的时代，是周朝王权衰微、礼坏乐崩、诸侯争霸、社会秩序日渐崩坏的时代。身处这样的时代，目睹百姓遭受离乱之苦，孔子不免忧心忡忡，于是产生了强烈的忧患意识。

孔子强调忧患意识的重要性。他说："人无远虑，必有近忧"①，意思是说人如果没有长远的规划，必定会有当前的忧愁。换言之，在孔子看来，忧患意识是人人都应当有的。不过，孔子的忧患并不是从私人小我出发而产生的对个人地位和生活的忧患，而是从天下、社会和人民的未来和命运出发而产生的忧患。他说："君子忧道不忧贫"②，"不患无位，患所以立"③。这是说

① 《论语·卫灵公》。
② 《论语·卫灵公》。
③ 《论语·里仁》。

一个道德高尚的人关心的是自己能不能得到“道”，而不担心个人生活上的贫困；不因自己没有官位而忧虑，只担心自己没有可以立身的能力。这些正表现了孔子对自己肩负的历史使命和历史责任的忧虑。

总之，孔子的忧患意识主要体现在对自身道德修养不足和社会无道的担忧上。关于对“德之不修”的忧虑，孔子说：“不患人之不己知，患其不能也。”① 患有忧患的意思，不是担心别人不了解自己，而真正要担心的是自己做不到，所谓“君子病无能焉，不病人之不己知也”②。病是担忧的意思，这是说君子不担心别人不了解自己，只担忧自己缺乏承担历史使命和历史重任的才能。所以孔子十分重视个人道德修养，内心饱含着修德之忧。他说：“德之不修，学之不讲，闻义不能徙，不善不能改，是吾忧也。”③ 这是说一个人不修习个人道德，不讲习学问，不能见贤思齐，有不善之处不能改正，这些都是令人忧虑的。孔子对“德之不修”的忧虑，源于他对天下无道的忧虑。在孔子看来，“修己以安人”，“修己以安百姓”④，修德最终是为了实现天下有道。所以，对天下无道的忧虑可以说是孔子的终极忧虑。孔子一生以求道为志，道对孔子来说是一种终极的人生追求，是生命的最高境界，实现天下有道也是他对理想社会的追求。孔子说：“君子谋道不谋食。耕也，馁在其中矣；学也，禄在其中矣。君子忧道不

① 《论语·宪问》。
② 《论语·卫灵公》。
③ 《论语·述而》。
④ 《论语·宪问》。

忧贫。”[1] 意思是说，君子应该用心于道，而不是专门琢磨自己的那点衣食琐事；耕田的人，往往有挨饿的时候；而追求学问道德的人，却能得到俸禄。君子担心的是自己能否早日明道，而不忧虑自己的贫穷无食。这里的道，是修身之道，也是治国之道，是实现天下有道的道。对于这样的道，孔子甚至发出“朝闻道，夕死可矣”的人生感慨。而孔子的“道不行，乘桴浮于海”[2] 的感叹，则体现了他对天下无道的忧虑和无奈。

二、孔子对天下无道的忧虑，决定了他必然要持变革社会的态度

同时，孔子对社会变革持支持的态度，也与他的世界观有关。孔子崇尚“中庸”，认为“中庸之为德也，其至矣乎！民鲜久矣”[3]。孔子认为中庸是一种最高的德，这种德大家已经长久地缺失了。而“中庸”之所以是最高的德，以至于很少有人能达致，是因为“中庸”的实质是要求人在处理问题的时候，要通权达变，做到“时中”。因为客观事物是随着时间、地点和条件的变化而不断发生变化的，因此中庸之道特别强调“时中”“时变”。孔子的“中庸”观，可以说是孔子变革思想的哲学基础。

基于以上两个方面，孔子认为要实现天下有道，就必须不断对社会加以变革，对规章制度、礼仪习俗加以调整。孔子认识到

① 《论语·卫灵公》。
② 《论语·公冶长》。
③ 《论语·雍也》。

了三代礼乐文化的变革，并持守变化的社会历史观。“子张问：‘十世可知也?’子曰：‘殷因于夏礼，所损益，可知也；周因于殷礼，所损益，可知也；其或继周者，虽百世，可知也。’”[①] 子张问：“十世以后的事，可预知吗?”孔子说：“殷礼因袭于夏礼，有些损益的，现在仍可考而知。周礼因袭于殷礼，有些损益的，现在也可考而知。将来有继周而起的，纵使百世之后，我们也可以预知。”概言之，夏商周三代之礼有继承，也有变革。不难看出，孔子所持守的是变化的社会历史观。所以，他虽然一生致力于恢复周礼，但同时也强调要对传统的礼仪制度进行“损益”。

与这一立场相一致，孔子能够积极地看待社会上发生的变革。孔子说：“麻冕，礼也；今也纯，俭，吾从众。拜下，礼也；今拜乎上，泰也，虽违众，吾从下。”[②] 孔子说：“用麻织礼帽，是合乎礼制的；现在的人们改用丝帛，说这样节俭，我遵从大家的做法。君臣相见，大臣在堂下跪拜，这是合乎礼制的；现如今大臣都直接到堂上跪拜君主，这样就过于骄泰了，即使违背众人意愿，我仍然主张先在堂下跪拜。”由此可见，孔子主张变革的态度一目了然，他并非是一个顽固守旧、开历史倒车的迂腐之人。

孔子有关变革思想的论述不多，但也给后人留下了发挥和发展的余地，是很值得我们认真加以学习和研究的。在这个强调变革的时代，为了适应时代需要，我们也应该对孔子的变革思想有

---

① 《论语·为政》。
② 《论语·子罕》。

新的理解，从理论上研究，从思想上提高认识；同时做到学以致用，把孔子的变革思想中最有价值的东西与实际生活和工作结合起来，使其能够为我们这个时代服务。

第二节　孟子的鼎新之道

孟子所处的战国时代，在他看来更是一个无道的时代。与孔子相似，孟子对于这样一个时代充满了忧虑，表现出了深深的忧患意识。孟子关注人民疾苦，留意人民生活，对于人民的不幸怀有深深的忧虑，这种忧患意识与他的仁政理想紧密相关。孟子说："庖有肥肉，厩有肥马；民有饥色，野有饿殍，此率兽而食人也。"① 一边是当政者花天酒地、醉生梦死，一边是人民生活窘迫、哀鸿遍野，这种对比反映了孟子对人民生活的担忧。这样的忧患意识，同样也反映了孟子对天下无道的担忧，他痛斥当政者草菅人命，强调要保护人民的利益，反复告诫统治者要实行王道。总之，孟子所说的忧患意识包含着"乐以天下，忧以天下"②的情怀，他的心里既有对民生的忧虑，也有对天下无道的忧虑。

正是基于对民生涂炭、天下无道的深深忧虑，孟子也主张通过变革社会来实现社会的稳定和和谐有序。为此，孟子提出了一个全面变革社会的方案，该方案涉及对政治、经济与人伦教育等

① 《孟子·梁惠王上》。
② 《孟子·梁惠王下》。

多方面的改革和修正。在孟子看来，只有爱人的政治、利民的经济、道德的教育三方面很好地结合，才能保持社会的相对稳定，才能真正使国家社会和谐安定。当政者需接受教育，时时不忘爱人亲民，不忘得人心者得天下、失人心者失天下的道理。统治者如能坚持施仁政于天下，那么社会经济和教育就会持续发展。而忽略君、民任何一方的利益，忽略政治、经济与教育三者任何一方的变革，社会变革都是不会成功的。因此，孟子提出了政治、经济与教育相统一的变革主张。

政治方面，孟子主张通过倡导仁义、实施仁政来改变当时的无序政治。孟子指出，一个国家的治理理念中必须有导民从善的“仁义”，如果国家仅仅追求利益，那么人们便会争得剑拔弩张，甚至会毁坏人伦秩序。孟子说：“王何必曰利？亦有仁义而已矣。”[①] 就是说，孟子认为国家治理要引导人民行仁义，有了仁义，大家就会和睦相处，以负责任的态度去处理各种事务。人民得到了实惠，自然会拥戴统治者；统治者得到了民心，也就有了无穷无尽的物质财富。所以要讲仁义，要尊重人性，不能赤裸裸地追名逐利。因此，孟子的政治变革思想特别强调仁义。

经济方面，孟子提出用井田制来变革当时的经济制度。井田制是孟子的创想，是为实践仁政思想而提出的新经济主张。孟子认为井田制是最好的经济制度。孟子讲：“夫仁政，必自经界始。经界不正，井地不钧，谷禄不平，是故暴君污吏必慢其经界。经

① 《孟子·梁惠王上》。

界既正，分田制禄可坐而定也。”[1] 真正的爱民亲民的统治者，一定会明确划分好人民应得的田地。田地界限不明确，田地不能按名分落实份额，俸禄不能按职务兑现，含混不清，有权者就容易侵吞弱者的利益，损害人民的利益。孟子倡导井田制的目的是使百姓都有一份田地，人们有了“恒产”，自然也便有了劳动的积极性，同时也会维护君主和国家的利益，种好“公田”。对于田地税收，孟子认为农民上缴劳动所得的十分之一是最为恰当的。如果税收太少，没有充足的财富供养统治者、文化人，社会就不会进步，国家就成了胡貉蛮貊之地。另外，孟子强调“劳心者”和“劳力者”的区别，重视社会的分工，认为社会发展到一定阶段，必须有分工。总之，孟子的经济变革思想相对来说比较系统：首先要解决人民的“恒产”问题；其次要减轻人民的税务负担，调整税收比例；再次要突出社会的分工，促进社会生产进步和经济发展。只有这样，才能保证仁政真正落到实处。

教育方面，孟子认为教育需要一定的经济基础。就一般人而论，必须有饭吃、有房屋住，即使灾荒年景也不至于饿死于沟壑，这才算是具备施教的条件。孟子在教育方面的变革思想，主要有以下几点：教育要为仁政理想服务，为维护社会秩序服务；教育要从人的本性上解决社会问题；教育要培养促进社会进步的优秀人才；教育既要坚持原则，又不违背中庸之道。可见，孟子教育思想的四个方面都是紧紧围绕仁政、恒产恒心等内容展开的，其目的便是使人修养成君子。

① 《孟子·滕文公上》。

综上所述，孟子的变革观包含政治、经济与教育等多方面的变革思想，具有重要的思想意义，是不容忽视的。在瞬息万变的现代社会，学习与借鉴孟子的变革思想，对于更好地应对社会变革，具有十分重要的启示意义。

第三节 《周易》的变革观

《周易》包括《易经》和《易传》两部分。《易经》本为卜筮之书，后经《易传》的解读发挥，成为一部具有反映天道运行规律的哲学著作。《易传》一般被视为孔子及其后学所作，其思想是齐鲁文化的重要组成部分。

《周易》是揭示变易思想的经典，《周易》之“易”就是变易的意思。作为一部国学经典，《周易》中有大量对变化之道的阐述。《周易·系辞上》云：“生生之谓易”，说明“易”有生生之意，《周易》即是揭示阴阳变易、大化流行、生生不已、变化日新的一部书。从《周易》来看，宇宙中的一切事物始终处于运动变化之中，而这种运动变化又是永无止境的，天地万物都是发展变化的。整个宇宙呈现出大化流行的动态过程，其内在的动力机制则是阴阳变易，即阴阳的协调并济与相反相成。这是《周易》对天地之道的基本认识，也奠定了中国人的基本宇宙观。《易传》认为，人作为“三才”（天、地、人）之一，必须效法天地之道，与其协调并进，所以人及人类社会也要不断随着天地的发展变化而调整自身。正如《周易·系辞下》所说：“《易》之为书也，不可远；为道也，屡迁。变动不居，周流六虚。上下无常，刚柔相易。不可为典要，惟变所适。”《易经》描绘了宇宙万物运动变化的根本法则，宇宙万物随着时空的转化处于不断变化之中，因此人要识变、适变，“惟变所适”。换句话说，人应该不断地调整自身以与天地之道的变化相适应。所以宋代理学家程颐直言：“易，变易也，随时变易以从道也。”①

《周易·系辞下》曰：“穷则变，变则通，通则久。”“穷”即尽，“通”即畅通而无阻隔。这句话的大意是，事物发展到极致就会产生变化，产生变化就会使事物发展通达无碍，事物通达才能长久。对人而言，当事物的发展变化使我们面临困境时，必须以变为要，积极寻求变化，谋求出路；如果不能进行自我调整，而一味坚持陈规旧习，只能封闭僵化、走上绝路。所以《周易》反复强调“时中”“与时偕行”，即人要时时调整自身，以与事物的发展变化相适应。《周易》的革故鼎新思想正是在这样的世界观指导下提出的。因此，鼎新思想就本质而言，是一种顺应事物发展变化，及时采取措施，通过不断除旧布新推动事物发展的思想。

据此，《周易》强调对社会和政治的不断变革，并就革新之道做了详细的探讨。“革”卦卦辞为“已日乃孚，元亨，利贞，悔亡”。首先，变革者要认识到变革是不可能一蹴而就的。况且改革在一开始可能会因触及一部分人的利益而得不到支持，甚至会面临重重困难，但只要改革的方向符合社会发展趋势，符合社

① 《周易程氏传》。

会中绝大多数人的利益，那么改革即使“即日不孚”，却可以“已日乃孚”，总会成功的。因为方向正确，所以改革在一开始即是“元亨”。其次，在改革过程中措施要得当，只有这样才会利贞。例如北宋王安石变法，他看到当时社会和制度存在的问题而决定变革，并且也提出了一系列改革的方案，方向是正确的；但在变法的实施过程中由于用人不当，变革的意义发生变质，未能起到它本该有的作用，最终走向破产。这说明改革要注意策略和方法，保证沿着正确的方向前进，方能避免不好的结果。

此外，《周易》强调变革要把握时势的变化。把握时势才可以看到事物发展变化的趋势，从而做出相应的准备。比如“否”卦与“泰”卦。在《周易》中，“乾”象征天而“坤”象征地，那么依照简单的推算，“乾上坤下”即天在上位、地在下位，是合宜的卦象，而“乾下坤上”意为天在下位、地在上位，是不吉的卦象。然而并非如此，“乾上坤下”为“否”卦，“乾下坤上”却为“泰”卦。这是因为事物的发展都有一个度，当达到一定的程度时，就要注意即将到来的危险，因为往往在看起来平静的地方可能隐藏着潜在的不安定因素；相反，在事物发展处于低谷的时候也不要万念俱灰，彼时可能在“柳暗”处，转身便会遇到“花明”的“又一村”，这也就是所谓的“否极泰来”。《周易》王弼注“高者惧危，满者戒盈，丰大者多忧故也”，也是说的物极必反的道理。又如，《周易》中尤其注重“得位”。所谓“得位”即是阳爻居阳位，阴爻居阴位。依照简单的推算，最合宜的一卦应该是“既济”卦，最不利的一卦是“未济”卦。然而事实并非如此。“既济”卦辞为“亨小，利贞，初吉终乱”，全卦虽然阴爻居阴位、阳爻居阳位，但这也正意味着好的趋势已发展到了极限，危险就在眼前。而“未济”卦则多处为贞吉，其卦象为“火在水上，未济，君子以慎辨物居方”，虽然时运不济，但只要怀有敬慎之心，事情总会往好的一面发展。

最后，《周易》的鼎新之道还蕴含着人要日新其德的要求。在《周易》看来，人要顺应天地万物的发展变化，就需要不断调整自身，不断提高道德修养以日新其德，因为只有不断发展完善自身，才能真正做到与时偕行。所以《周易·系辞》进而提出“富有之谓大业，日新之谓盛德”① 的主张。关于《系辞》所谓“日新之谓盛德”的内涵，《周易·升卦》解释道：“《象》曰：地中生木，升。君子以顺德，积小以高大。”意思是说，品德的提升如同草木在土地中生根发芽，不断生长，最终臻于完善，所以“日新”即是强调要在道德修养上日新其德。这可以说是鼎新思想的另一重要内涵，这样的立场也体现了孔子及其后学重视道德修养、日新其德的传统。这一传统不但是齐鲁文化鼎新之道的重要内容，也是其重要特色。

《周易》看到了变革的必要性和重要性，因此对安于现状、躲懒偷安的行为表现出深深的忧虑。《周易》认为事物总是处于对立面的相互转化之中，也即“泰”卦九三爻辞所说的“无平不陂，无往不复”。否极泰来，物极必反，事物发展到顶点就要转向反面。所以在身处顺境时要有忧患意识，在平泰的时候保持警

① 《周易·系辞上》。

惕戒惧之心，居安思危、防微杜渐，防止由泰转否；在身处逆境或困境时反身自省，小心应对，以便摆脱困境，化险为夷。《周易》之所以被称为“寡过之书”，就是因为书中内容处处都在提示人们要保持警惕，见几而作，防止由自身的过错导致恶劣的后果。

第四节　管子的变革观

齐文化的一个重要特点就是因地制宜、通权达变，具有勇于开拓的变革创新精神。齐国形成的这种开放的思想与社会风尚，不仅植根于齐国的地理环境和历史传统，还与管子在齐国施行的一系列变法密切相关。姜太公封于齐国后，因地制宜地确立了“因其俗，简其礼”的建国方针，实行农、工、商并重的治国方略，“通商工之业，便鱼盐之利”，政治上并不囿于周代“尊尊而亲亲”的宗法原则，齐国因此发展成为一个经济和政治都举足轻重的大国。后来管子相齐，他作为一个思想解放、富有创新精神的杰出政治家和改革家，在春秋中前期天下共主的局面已被打破的历史背景下，创造性地提出了尊王攘夷、称霸诸侯的宏伟思想。

在政治上，管子厉行改革，除旧布新，在中央创立了宰相制度和五官行政制度，在地方上创立了“叁国伍鄙”制度，在选拔人才任命官职方面创立了“三选”制度，又在全国创立了自上而下的监督核查制度，并且配以“赋禄以粟”制度等。

这一系列的政治制度的施行，为齐国的强盛提供了强有力的保障。

在经济上，管子创立了“井田畴均”“均田分力”的土地经营制度，“相地而衰征”的赋税制度，“官山海”的盐铁官营制度，推行了优商惠贾的外贸政策等。这一系列制度的颁布旨在提高人们的生产积极性，为工、农、商业的发展提供良好的内部环境。

在军事上，管子创立了“军令则寄诸内政”的军政合一制度和“轻过而移诸甲兵”的罚金制度等。此外，管子还创立了四民分业定居制度、“九惠之教”制度、社会调查统计制度等。这同样是着眼于为齐国的发展提供强有力的制度支撑。

正是在一系列理论创新和实践创新的基础上，管子才成就了齐桓公春秋首霸的伟大事业。齐文化崇尚转变和革新，所谓“不慕古，不留今，与时便，与俗化”，正是对这一特点的概括。然而相较于齐文化，鲁文化继承了周公制礼作乐的文化传统，实行“改其俗，革其礼”的建国方针，重农轻商，因而形成了相对保守的风尚。

综上所述，战国时管子积极进取，因地制宜、因时制宜制定了一系列富国强国之法。现在我们仍要立足当下进行变革与创新，而且必须时刻保持改革创新的劲头，不断将改革落实到实践中去，只有这样，才能跟上社会发展的步伐，保持社会的和谐与长治久安。

第五节 革故鼎新思想的现代启示

革故鼎新思想自产生之日起，就以其革故鼎新、与时俱进、日新其德等丰富内涵成为推动国家发展、社会进步和个人自我完善的重要力量。革故鼎新思想是齐鲁文化基本精神的重要内涵之一，也是激励齐鲁儿女乃至整个中华民族砥砺奋进、开拓创新的思想源泉，“苟日新，日日新，又日新”等耳熟能详的古语也常被后人作为激励自己奋发图强、砥砺奋进的座右铭。

2014 年，在纪念孔子诞辰 2565 周年的国际学术研讨会上，习近平总书记发表了重要讲话，其讲话中列举了中国优秀传统文化中 15 项对治国理政具有有益启示的内容，其中就提到“苟日新，日日新，又日新”和革故鼎新、与时俱进等内容。齐鲁文化的革故鼎新思想对提升我们的治国理政能力仍具有重要启示意义。

一方面，要充分吸收鼎新之道中除旧布新的思想智慧，具备创新求变、开拓进取的胆识魄力。当前，我国发展进入新阶段，改革进入攻坚期和深水区。2013 年，党的十八届三中全会审议通过的《中共中央关于全面深化改革若干重大问题的决定》，提出要解决经济社会发展中存在的主要矛盾和现实问题，实现伟大复兴的中国梦，必须坚持全面深化改革的指导思想。2015 年，党的十八届五中全会提出了创新、协调、绿色、开放、共享的发展理念，提出必须把创新摆在经济社会发展全局的核心位置，不断推进理论创新、制度创新、科技创新、文化创新等，让创新贯穿党和国家的一切工作，让创新在整个社会蔚然成风。以五大发展理念为指导，引领全面深化改革、实现全面建成小康社会的宏伟目标，必须充分吸收鼎新之道中除旧布新的思想智慧，具备创新求变、开拓进取的胆识魄力，进一步增强进取意识、机遇意识，以“谋创新就是谋未来”的自觉，探索符合“四个全面”战略布局要求的新途径、新办法，着力破除与经济社会发展不相适应甚至阻碍经济社会发展的体制机制和思想观念，坚持变中求新、变中求进、变中突破，开创经济社会发展的新局面。

传统的鼎新之道中包含着丰富的创新求变的智慧，能有效增强党政干部开拓进取的锐气，通过转变旧观念、培养新思维、开拓新视野，打破思维定式，克服路径依赖，努力实现工作思路上有新突破，工作方法上有新举措，工作成效上有新跨越。

另一方面，要充分吸收鼎新之道中日新其德的思想内涵。党员干部作为治国理政的骨干力量，其道德操守和官德修养对社会价值取向、社会风气的形成和发展具有重要导向作用。党员干部特别是领导干部必须把加强道德修养作为重要的人生必修课。特别是当前社会发展日新月异，政府官员面临的诱惑也越来越多，新的问题层出不穷。一段时间以来，与官员有关的各类“门事件”频繁发生，领导干部道德失范问题日益突出。道德失范现象虽然只存在于少数领导干部身上，但严重损害了政府官员的形象，极大地降低了人民群众对公共权力的信任。这些现象折射出了行政官员自身道德修养的滑坡，体现了部分官员是非不清、善恶不辨、寡廉鲜耻的道德观念。这些现象表明，我们有的干部

“官德”缺失严重，“官德”建设亟待加强。

加强“官德”建设，关键是要加强官员道德修养的自觉性。这需要我们从传统的鼎新之道中汲取智慧，让党政干部形成日新其德的道德修养自觉，“常修为政之德，常思贪欲之害，常怀律己之心”，跳出“小我”看问题，始终站在人民的立场上，把个人看轻一点，把名利看淡一点，慎微、慎独、慎交，坚守自己的精神家园和道德底线，严于律己，防微杜渐。通过日新其德，及时纠偏改正，不断提高道德修养水平，在工作岗位上提升政德境界、践行为民宗旨，通过自身的示范带动作用营造风清气正的良好环境。

第七章

协和万邦

外交是内政的延续。与主张治理国家要“为政以德”的立场一致，齐鲁文化在外交方面也主张实行王道、以德服人，反对霸道和武力征伐，建立天下万国和谐共处的国际秩序是其追求的最高目标。因此在外交方面，协和万邦就成了齐鲁文化的主导思想，这一思想也构成了齐鲁文化治国理政思想的重要内容，而且对当今构建和谐社会以及构建包容有序、和谐共生的世界秩序具有重要现实意义。

第一节　孔子的“和而不同”思想

春秋时期战乱频繁，百姓面临流离失所的生活窘境，社会各阶层间原有的界限已经被打破。春秋以前，上层社会成员尚能以礼仪彰显身份地位，而下层的百姓只能心怀畏惧地唯命是从。及至春秋，这样的社会关系已渐现裂痕，子弑父、臣弑君等乱象屡见不鲜。为了改变这种“天下无道”的社会状况，孔子有针对性地提出了“和为贵”的主张，强调用礼制维护、规范社会各阶层间的秩序，通过推行仁爱、道德教化等方式，缓和社会各阶层间日渐突出的矛盾，以此维护周代旧有的社会秩序。

就儒家思想的内在核心“仁”而言，孔子在阐释其内涵时，首先强调的就是“爱人”。“仁”标志着人的真实生命自我，其所具有的生命力表现为一种爱的力量，也就是自我生命与他人生命相感相通的力量，是让所有生命与自己一同成长、一同实现的力量。与之相应，“仁”表现于外就是“和”的状态，就是自我与他人共同存在、共同成长的局面。基于这样的“和”的观念，孔子对当时的社会乱象表示强烈不满。一方面，他反对当政者残暴百姓，主张君主要实行仁政，仁爱人民。孔子曾感叹“苛政猛于虎”，直言苛政对于百姓造成的伤害甚至甚于猛虎。另一方面，在外交方面，孔子反对国家之间的战争和相互兼并，主张国家间要贵和、尚和。

一、孔子的“和”

天下大同是孔子所追求的理想社会状态，也包含了他对国际社会和谐秩序的向往。在孔子那里，“和”的思想是准确理解大同社会的关键。就“和”的一般意义而言，它绝不是要求个体之间绝对相同，而是提倡“和而不同”。孔子说：“君子和而不同，小人同而不和”[①]，他在处理人际关系上强调“和”而反对“同”，主张尊重差异，反对自我中心主义。必须承认，任何个体都存在着许多的差异，个体间存在的差异是客观存在的，无视这种差异，压抑各自的特点，使之表面上达到“同”，只会导致混乱和纷争。只有承认这种客观差异性，使每个个体都能够依照其本性、特点发挥作用，同时加以适当的引导规范，才能达到“和”的状态。

可以说，孔子“和而不同”的观念体现了对事物多元性的肯定及对不同事物所具有的内在统一性的肯定。无论是有子所说的“礼之用，和为贵，先王之道，斯为美”[②]，还是《礼记·中庸》所提出的“喜怒哀乐之未发谓之中，发而皆中节谓之和。中也者，天下之大本也；和也者，天下之达道也”，都体现了这种“和而不同”的精神。孔子及儒家并不主张通过强力改变别人，以使其向自己看齐，而是强调尊重各自存在的合理性，并通过自

① 《论语·子路》。
② 《论语·学而》。

己的道德文化力量去感化影响人，使大家共进于道。这种思想反映在外交方面，即表现为《尚书·尧典》所说的“协和万邦”理念，就是指国家之间能和谐相处，进而实现儒家天下大同的社会理想。儒家文化中“远人不服，则修文德以来之”[①] 的主张，正是儒家所强调的“和”这一理念在对外交往中的表现。

二、将“贵和”思想落实到具体的行为规范上，孔子尤其强调“义”和“礼”的重要性

在孔子那里，“义”是区分是非的标准，“礼”是形成秩序的关键。“义者，艺之分、仁之节也，协于艺，讲于仁，得之者强；仁者，义之本也，顺之体也，得之者尊。”[②] 由于“礼”是建立在内在“仁”和“义”的基础上的，这就要求人们按照符合道义的“礼”进行活动，而不应仅以利益为衡量标准行事，并由此引出了贯穿儒家政治、道德学说的一个重要命题，即“义利之辩”。

儒家对义利关系的基本态度是以义制利。孔子认为“君子喻于义，小人喻于利”[③]，要求人们首先考虑道义，然后再去考虑利益。孔子并非完全否定私利，而是强调用道义规范对利益的追求。在他看来，追求私利一定要符合道义，正所谓“富与贵，是人之所欲也，不以其道得之，不处也；贫与贱，是人之所恶也，

① 《论语·季氏》。
② 《礼记·礼运》。
③ 《论语·里仁》。

不以其道得之，不去也”[①]。当将“义利之辩”置于国家交往的大背景下进行审视时，儒家学派认为，国家间的交往也应以道义为原则，以使“近者悦，远者来”[②]。当然，在强调儒家重义轻利价值取向的同时，必须承认儒家同样认可利益的存在价值。如孔子在其“庶之、富之、教之”的思想中，就将百姓生活富庶作为教化的前提。孔子所重之利，非一己、一国之私利，而是天下之公利，因此，目标是“公利”还是“私利”，也就成为区分仁与不仁、义与不义的一条重要标准。

除了“义”和“礼”，孔子同时也强调“信”的重要作用，将“足食，足兵，民信”视为为政的基本原则。重诚信、拒权谋的思想在春秋时期的盟誓中有着充分的体现。据统计，《春秋》中记盟105起，《左传》中记盟160多起。在缔结及遵守“盟”“誓”的过程中，对缔约双方进行道德性的信用约束是其中的关键环节。在中国古代的对外交往中，恪守诚信是一条极其重要的原则。子曰：“言忠信，行笃敬，虽蛮貊之邦行矣。言不忠信，行不笃敬，虽州里行乎哉？”[③] 孔子认为，出使外邦的使节必须做到说话诚实可信，行为庄严恭敬，这样即使在文明落后的蛮夷之邦，也会最终实现好的结果；但如果不能恪守诚信，即使身处一乡之地，也无法与人友好相处，足见诚信在对外邦交中占据的重要地位。

“贵和”的另一方面体现为对待战争的态度。春秋战国时期，

---

① 《论语·里仁》。

② 《论语·子路》。

③ 《论语·卫灵公》。

诸侯国间战乱不断。在孔子看来，诸侯国间以强凌弱的兼并战争不仅严重侵犯了弱国人民的切身利益，同时也给本国百姓带来了深重危害。但是，儒家并非持彻底的反战主张，而是主张战争需达到“禁残止暴”的目的，这样才能称之为正义之战。基于此，孔子及儒家后学指出，应尽可能地采用和平的方式解决争端，通过施行仁政，安民、保民、富民，最终实现大同社会。这种被概括为王道思想的政治主张具有高度的道德性，相比于企图凭借武力称霸诸侯的霸道思想，王道思想的目的是依靠仁德实现天下归服。在儒家的评判标准中，能实现一统天下这一目标的，只能是以德行仁的王道，而不是以力假仁的霸道，这也就引出了儒家的另一个重要命题，即“王霸之辩”。

第二节　孟子与荀子的“王霸之辩”

一、孟子的“王道”

在孔子所处的时代，“王”指天子，“霸”指诸侯。孔子并未完全否定诸侯的“霸道”，然而到了孟子的时代，“王霸之辩”的内涵开始发生变化。孟子所处的战国时期，是一个大动荡、大变革的历史时期。政治上，七雄并立，诸侯征战不休。西汉的刘向对此曾描述：

> 田氏取齐，六卿分晋，道德大废，上下失序。至秦孝

> 公，捐礼让而贵战争，弃礼义而用诈谲，苟以取强而已矣。夫篡盗之人，列为侯王；诈谲之国，兴立为强。是以转相仿效，后生师之，遂相吞灭，并大兼小，暴师经岁，流血满野，父子不相亲，兄弟不相安，夫妇离散，莫保其命，湣然道德绝矣。

战国时期，道德沦丧，人伦败坏，礼义不再具有西周时期规范约束社会成员行为的作用，各诸侯国的弑君篡位事件屡有发生。面对礼崩乐坏、人心不古的社会局面，孟子提出了"王道仁政"的主张。"王道"是儒家的一个传统概念，即古代圣王通过施行仁义来治理天下的"先王之道"。孟子对王道和霸道的内涵重新作了规定。孟子曰："以力假仁者霸，霸必有大国。以德行仁者王，王不待大，汤以七十里，文王以百里。以力服人者，非心服也，力不赡也。以德服人者，中心悦而诚服也，如七十子之服孔子也。"[①]"王道"靠德治，"霸道"靠武力。发政施仁，以德服人者，才会令百姓心悦诚服；以武力服人者，无法使百姓真正信服。

孟子力倡王道，直言"地方百里而可以王"[②]，意思是说，即使只有百里土地也可以行王道。孟子也曾像孔子一样周游列国，向各国诸侯宣扬"王道"，其对"王道"的论述尤以见梁惠王时所言最为精到：

---

① 《孟子·公孙丑上》。
② 《孟子·梁惠王上》。

> 王曰："叟，不远千里而来，亦将有以利吾国乎？"孟子对曰："王何必曰利？亦有仁义而已矣。王曰'何以利吾国'，大夫曰'何以利吾家'，士庶人曰'何以利吾身'，上下交征利而国危矣。"①

孟子认为，举国上下皆言利，会导致百姓只知追求私利而造成混乱的社会局面。对此，孟子回答道："未有仁而遗其亲者也，未有义而后其君者也。王亦曰仁义而已矣，何必曰利？"② 他强调君主在治国时，首先要讲求仁义。因为在孟子看来，财富和土地只是小利，若一味追求这些小利，而没有仁义作为支撑，那么最终将会导致严重后果。只有以仁义为内在根据施行"王道"，才能实现天下太平的政治理想。

值得注意的是，孟子还提出了民贵君轻的思想，认为"民为贵，社稷次之，君为轻"③。这种思想在战国时期自然无法被君主接受，但这一思想所包含的种种进步因素在后世不断地被接受吸纳，以至于冯友兰先生认为"中国后来之政治哲学，皆将政治分此二种，王者之一切制作设施，均系为民，故民皆悦而从之；霸者则惟以武力征服人强使从己"。孟子主张王道反对霸道，反映在外交上也必然是主张体现仁爱精神的和平外交，而反对武力征伐。

---

① 《孟子·梁惠王上》。
② 《孟子·梁惠王上》。
③ 《孟子·尽心下》。

二、荀子的“王霸之道”

战国后期，经过长期的兼并战争，天下即将走向统一。面对行将统一的社会形势，荀子提出了“义立而王，信立而霸”[1] 的思想主张，以回应当时的时代课题。与孟子立足于个人的心性论不同，荀子的王道观罕言人伦，而更多地侧重于王制。荀子认为，王道社会应远近宾服，士农工商不同行业者应各安其分、各尽其责，出仕的官员能论德定次，量能授官，以此实现四海一家的有序局面。在荀子看来，王道与霸道均是以礼义作为标准，两者在价值标准上并无根本区别；其不同之处在于，对霸道而言，礼义只是外在的手段，而对王道而言，礼义则是一种自觉。

除了提出王道学说，荀子对王霸的具体内涵也做出了新的规定。《荀子・王霸》曰：“故用国者，义立则王，信立则霸，权谋立而亡。三者，明主之所谨择也，仁人之所务白也。”可以说，荀子提出的“王”与“霸”，并没有孟子所说的那种本质上的区别，而是仅仅在治国方式上有所区分。对孟子所谓的假力以仁的“霸道”，荀子将其归结为“强”，直言“王夺之人，霸夺之与，强夺之地”[2]。荀子对待“强国”的态度与孟子批评“霸道”的态度相似：

---

① 《荀子・王霸》。
② 《荀子・王制》。

用强者，人之城守，人之出战，而我以力胜之也，则伤人之民必甚矣。伤人之民甚，则人之民恶我必甚矣。人之民恶我甚，则日欲与我斗。人之城守，人之出战，而我以力胜之，则伤吾民必甚矣。伤吾民甚，则吾民之恶我必甚矣。吾民之恶我甚，则日不欲为我斗。人之民日欲与我斗，吾民之不欲为我斗，是强者之所以反弱也。①

荀子认为，运用强力攻打他国、侵略土地，会造成百姓的大量伤亡，而百姓也会因流离失所而更加痛恨这些强国，从而激起更为强烈的反抗，这在实质上又导致强国由“强”向“弱”转化。总之，“王”“霸”在荀子这里，都代表着一种行礼义的治国方式，荀子所反对的是依靠暴力而非以礼义立国的“强”国之道。

荀子当然首倡王道，这也是儒家一贯的政治态度，然而在已经无法实现王道的情况下，荀子认为施行霸道也是可以接受的。对此，他论述道：

德虽未至也，义虽未济也，然而天下之理略奏矣，刑赏已诺信乎天下矣，臣下晓然皆知其可要也。政令已陈，虽睹利败，不欺其民；约结已定，虽睹利败，不欺其与。如是，则兵劲城固，敌国畏之；国一綦明，与国信之。虽在僻陋之国，威动天下。②

① 《荀子·王制》。
② 《荀子·王霸》。

虽然不能使礼义教化成为一种自觉，但只要在形式、手段上仍有礼义的精神来规范，那么这个国家也是可以做到“威动天下”的。可见，随着时代的推移，儒家“王霸之辩”的思想内涵也在随之发生明显的变化。然而，无论社会环境怎样变化，王道学说的核心精神——“礼”仍然是贯穿其中的。

第三节 墨子的兼爱、非攻观

一、兼爱

面对人心不古、世风日下的社会现实，墨子试图通过将“爱人”发挥到极致来拯救人心，进而实现天下大同。“兼爱”思想是墨家处理一切社会关系的总原则，同儒家较为理想的社会主张相比，墨子提出的这一思想与当时的社会现实形成了鲜明的对比。孔子面对春秋时期礼崩乐坏的社会现实，提出了“仁”“礼”等思想，直言：“仁者，人也，亲亲为大；义者，宜也，尊贤为大。亲亲之杀，尊贤之等，礼所生也。”[①] 可见，孔子所说的“仁者爱人”之爱，是一种差等之爱，即首先要爱自己的亲人，然后再由近及远地向外推广。将这种差等之爱进一步扩展到社会生活中，就形成了“君君、臣臣”的政治伦理观念。

就内涵而言，墨子的“兼爱”主张与孔子的“仁者爱人”思

---

① 《礼记·中庸》。

想具有明显的区别。首先，墨子所谓的“兼相爱”是一种无差别的爱，是一种不分亲疏、一视同仁的爱；其次，墨子出生于庶民阶层，本就被排除在“礼法”之外。所谓“礼不下庶人”，墨子的兼爱学说，正是在庶民阶层的社会等级基础上建立起来的，他试图通过提倡不分亲疏的无差等之爱，挽救日渐衰微的人伦道德。这一思想，打破了自西周以来的宗法制枷锁，给予庶民以表达思想的自由，它的提出意味着旧秩序已濒临崩溃。

墨子出身庶民阶层，对百姓的生活状况和实际需求有着更为真切的理解和感受，因此，他对现实政治的批判，更多是针对社会现实的弊端和平民百姓的诉求而提出的。“兼爱”并不是为了维护旧秩序，而是为了更好地化解社会矛盾，实现社会有序、天下太平。

墨子提出兼爱思想，试图从个人道德践履中寻找社会矛盾产生的根源，通过对伦理道德的要求，消除个体与社会间的矛盾，实现国治民安。然而，由于墨家的兼爱思想无法调和高度集中的政治统治和分散的自然经济之间的关系，无法适应秦汉以后大一统的农业社会，故而带有一定的空想色彩。

从庶民阶层的立场出发，墨子认为庶民的利益与士大夫的利益可以调和，然而，在一个以血缘关系为基础的社会环境中，墨子的学说面临着难以推广的困境。但是也应当看到，在中国古代的历史发展中，相对于通过武装起义实现朝代更迭的做法，墨家以学院派方式表达政治诉求显得更为理性，其思想也成为后世极为宝贵的财富。

二、非攻

兼爱思想在国家层面上体现出一种反战倾向，这被墨子提炼为“非攻”的战争主张。墨子看到当时诸侯国相互攻伐不断，强凌弱、富侮贫、贵傲贱等社会乱象层出不穷，认为这些都是“天下之大害”，需对其进行整治。墨子从攻战之“不义”、攻战之“不利”出发，揭露了无义的攻伐“夺民之用，废民之利”① 的危害，指出“春则废民耕稼树艺，秋则废民获敛。今惟毋废一时，则百姓饥寒冻馁而死者，不可胜数”②。在墨子看来，这些兼并战争都是“不义”的，都对百姓造成了巨大伤害，因而应该极力抨击。

墨子的“非攻”主张，要求各国做到讲信修睦，和平相处。这一政治主张不仅满足了各国人民的愿望，也符合各国君主的利益。在墨子看来，如果统治者放弃攻伐而兼爱百姓，那么就会受到天下百姓的拥戴。尽管事实证明，只是倡导“兼爱”“非攻”很容易落入空想，并不能切实地解决国家间的矛盾，但“兼爱”“非攻”的精神能够在一定程度上起到消解社会矛盾纷争的作用，有利于实现国家间的和平。

在不义战争的认识方面，墨子直言：“杀一人，谓之不义，必有一死罪矣。若以此说往，杀十人，十重不义，必有十死罪

① 《墨子·非攻中》。
② 《墨子·非攻中》。

矣；杀百人，百重不义，必有百死罪矣。当此，天下之君子皆知而非之，谓之不义。今至大为不义，攻国，则弗知非，从而誉之，谓之义。”① 字字句句都揭露了诸侯假义之名，肆意发动攻伐战争的丑陋面目。墨子极力反对战争，特别是对那些“大则攻小也，强则侮弱也，众则贼寡也，诈则欺愚也，贵则傲贱也，富则骄贫也”② 的掠夺性战争，进行了掷地有声的抨击。墨子将诸侯国间的战争，按照动机是否符合“兼爱”这一原则，分成了“诛”和“攻”即正义与非正义两类。墨子认为，如商汤伐桀、武王伐纣等战争，都是出于兼爱天下百姓的目的而发起的正义战争；但在春秋战国时期，诸侯国间的战争多是以大欺小、以强凌弱的非正义战争。对此，除了进行道义上的抨击，墨子也论述了弱小国家进行积极防御的思想主张。墨子强调要“深谋备御”，即小国要积极防御，从而使大国主动放弃攻打。此外，墨子对战争给百姓带来的戕害进行了深刻揭露，指出战争对交战双方的人民而言，带来的都是伤亡与苦难。那些仅仅为了满足大国君主的私利而发动的不义之战，不仅扰乱了农业耕种，消耗了大量社会财富，同时也夺去了无数人的生命，导致百姓流离失所、饥寒交迫。墨家站在人民的立场上，对“攻无罪”的非正义战争进行了严厉的批判，认为这种“贼虐万民”“竭天下百姓之财用”的攻伐战争是天下间最大的不义，对此，墨家持坚决反对的态度。

---

① 《墨子·非攻上》。
② 《墨子·天志下》。

三、交相利

对于战国时期混乱无序的社会局面，墨子认为，除了要重建政治层面的社会秩序，还要重建道德伦理层面的社会制度。对于那些因社会道德严重缺失而出现的“交相亏贼”的现实问题，《墨子》书载：

> 姑尝本原若众害之所自生。此胡自生？此自爱人利人生与？即必曰：“非然也。”必曰：“从恶人贼人生。”分名乎天下，恶人而贼人者，兼与？别与？即必曰：“别也。”然即之交别者，果生天下之大害者与？是故别非也。[①]

墨子认为，“别”是导致社会混乱的根源。所谓“别”，指的是偏爱、自私。在他看来，天下百姓各自从偏爱出发，亏人以自利，所以产生了“交相恶”。

实际上，在强调差等之爱、试图重构宗法制的儒家那里，“别”是理所当然的，尊卑、上下、亲疏、远近都表现出了“别”的意味，哪怕在墨子提出的政治结构中，也存在上下之间的“别”。但结合当时的社会背景，当固有的等级秩序被破坏、新的等级秩序尚未形成时，个体在短期内便获得了前所未有的自主性，在这种情形下，“别”就成为社会混乱的根本原因。

① 《墨子·兼爱下》。

墨子将社会政治秩序与社会伦理秩序的混乱都归结于“别”。对此，墨子提出了“以兼相爱、交相利之法易之”① 的道德伦理主张，倡言：

> 视人之国若视其国，视人之家若视其家，视人之身若视其身。是故诸侯相爱则不野战，家主相爱则不相篡，人与人相爱则不相贼；君臣相爱则惠忠，父子相爱则慈孝，兄弟相爱则和调。天下之人皆相爱，强不执弱，众不劫寡，富不侮贫，贵不傲贱，诈不欺愚。凡天下祸篡怨恨可使毋起者，以相爱生也，是以仁者誉之。②

从这里可以看出，墨子认为，自利与利他、自爱与爱他是可以实现贯通的。然而，由于个人利益与社会利益难以调和，这一贯通机制并不符合人性实际，因此落入了空想。墨子大概也意识到，仅靠道德自觉难以推行兼爱，因此，兼爱主张只能依靠强硬的行政手段来推行。《墨子·兼爱》曰：“我以为则无有上说之者而已矣。苟有上说之者，劝之以赏誉，威之以刑罚，我以为人之于就兼相爱、交相利也，譬之犹火之就上、水之就下也，不可防止于天下。”与儒家通过道德教化的方式推行仁爱不同，墨家的兼爱思想是通过将政治主张强加给每个社会成员的方式进行推广，这种较为强硬的行政手段是以其倡导的“天志”“明鬼”思

① 《墨子·兼爱中》。
② 《墨子·兼爱中》。

想作为精神支撑的。

尽管受到社会环境的影响，但墨家的兼爱思想相较于儒家而言，具备了更多贴近百姓实际需求的大众化倾向。儒家的“仁爱”是将家庭伦理扩展到社会层面，其包含的等级思想，一定程度上削弱了其作为社会伦理和道德准则的权威性，具有一定的局限性。墨子针对儒家“仁爱”思想的这一弊端，在讨论社会动乱原因的过程中，找到了儒家“仁爱”思想的理论基础——“别”。墨子将社会问题产生的根源归结到道德范畴中，同时在道德实践的范围内寻求解决社会乱象的良方。墨子认为，只要能实现“天下之人皆相爱”，那么各种社会矛盾便可以迎刃而解。然而，面对春秋战国时期诸侯国攻伐不断的混乱局面，各诸侯国君主间既谈不上“兼相爱”，也无法认同“交相利”，在百家争鸣时期短暂繁盛的墨家，终因其不合乎“潮流”而走向没落。

第四节　孙子的和平观

一、审慎的备战态度

孙子，即孙武，齐国人，大约与孔子同时期或略晚，被后人尊为“兵圣”。由于齐国内乱，孙子便到吴国为将。司马迁在《史记》中对其评价道：“西破强楚，入郢，北威齐、晋，显名诸侯，孙子与有力也。”[①] 孙子凭借出众的军事能力，匡扶吴国，使吴王成为春秋霸主之一。

对于发动战争，孙子秉持十分谨慎的态度，主张“非利不动”“非危不战”。《孙子兵法·火攻篇》中的一段话清晰地体现了他对发动战争的基本态度：“非利不动，非得不用，非危不战。主不可以怒而兴师，将不可以愠而致战。合于利而动，不合于利而止。”这句话意思是说，除非涉及国家的根本利益和国家安危，否则不要轻易发动战争，这样可以减少对国家、百姓的伤害。《孙子兵法》开篇就提出，“兵者，国之大事，死生之地，存亡之道，不可不察也”[②]，直言战争是关系国家生死存亡的关键，不可以不明察。

对于如何解决战争问题，孙子提出了“谋攻”的主张。他认为，首先应采取伐谋、伐交的和平方式进行协商，逐步推进，进而“以全争于天下”[③]。所谓“全”，就是指尽可能地保全双方士兵和百姓的生命，保证国家的完整建构不被破坏。《孙子兵法》曰：

> 凡用兵之法，全国为上，破国次之；全军为上，破军次之；全旅为上，破旅次之；全卒为上，破卒次之；全伍为上，破伍次之。是故百战百胜，非善之善者也；不战而屈人之兵，善之善者也。

---

① 《史记·孙子吴起列传》。
② 《孙子兵法·始计篇》。
③ 《孙子兵法·谋攻篇》。

故上兵伐谋，其次伐交，其次伐兵，其下攻城。攻城之法，为不得已……故善用兵者，屈人之兵而非战也，拔人之城而非攻也，毁人之国而非久也，必以全争于天下，故兵不顿，而利可全，此谋攻之法也。①

孙子所谓的“谋攻”，指的是运用和平的方式解决国家间的矛盾。但值得注意的是，要使“谋攻”真正发挥效果，必须有强大的军事实力作为基础，只有军事实力足够强大，确保战之必胜，同时又能够充分运用和平的手段化解矛盾，做到刚柔并济，才能在不轻易发动战争的情况下，保障国家安全，实现长久和平。因此归根结底，必须重视军事实力的提升，只有拥有足够强大的军事实力，才能为国家的长久和平打下坚实的基础。

二、以全争于天下

除了秉持审慎的备战态度，孙子还提出了“必以全争于天下”② 的军事思想。就内容而言，这一主张不仅包括了伐谋、伐交这样的政治性活动，也囊括了其他诸如经济、文化等各方面的活动。虽然战争是一种较为有效的硬性手段，然而其中也包含了众多变化多端的战术策略，在某些情况下，外交斡旋作为对战争手段的有效补充，可以更为有效地化解矛盾。

① 《孙子兵法·谋攻篇》。
② 《孙子兵法·谋攻篇》。

孙子虽然被尊为“兵圣”，但他并不主张将一切争端都诉诸战争。在对战争方式高下进行区分的几个层次中，他直言“百战百胜”并不是“善之善者”，能做到“不战而屈人之兵”才是“善之善者”。不通过战争，就能达到使敌人退缩、收回国家领土、保护民众安全的目的，才是用兵的最高境界。虽然重兵在握，但是不通过实质性的军事斗争行为就能退敌，如采用《孙子兵法》中提到的具体战略形成优势等方式，从而实现“不战而屈人之兵”，这才是孙子眼中的“善之善者”。

作为兵家的圣人，孙子明确表示，战争是最后不得已而为之的手段，如果能通过政治或外交的途径解决问题，那么就没有发动战争的必要。换言之，以和平的方式解决争端比运用战争手段解决矛盾更为可取。在孙子看来，战争一旦发生，不仅结果难以预料，而且给国家财政和百姓生活带来的危害也难以估量，他直言：“凡兴师十万，出征千里，百姓之费，公家之奉，日费千金。内外骚动，怠于道路，不得操事者，七十万家。”① 正是因为对战争的破坏性有着深刻的认识，孙子极力主张避免战争，即使发生战争，也要充分利用现有条件，将损失降到最小。

孙子将“不战而屈人之兵”作为最理想的“安国全军之道”，体现出备战与慎战相结合的军事战略思想。这一思想主张，也体现了孙子军事理论一以贯之的核心主张，即“非战”。孙子的“非战”理论，并不是要求不战，而是主张积极防御，尽可能在

---

① 《孙子兵法·用间篇》。

兵不血刃的情况下实现利益最大化，即“上兵伐谋，其次伐交”①，从而做到“兵不顿，而利可全”②。孙子虽然主张“非战”，但极为重视备战的作用，主张保持一定的军事威慑，强调“用兵之法，无恃其不来，恃吾有以待也”③。孙子认为“民与上同意”是制胜的关键因素之一，强调国内政局相对稳定，君民上下一心可以更好地在战争中取胜。在论述决定战争胜负的要素时，孙子曰：“一曰道，二曰天，三曰地，四曰将，五曰法……凡此五者，将莫不闻，知之者胜，不知者不胜。”④ 在这五个影响战争胜负的因素中，孙子将“道”作为首要因素，直言依“道”而行是确保取胜的关键，指出“道者，令民与上同意者也，故可以与之死，可以与之生，而不畏危”⑤。如果国家治理合于“道”，那么整个社会就会呈现出君民上下一心的团结局面，这种合乎“道”的社会状态，是使国家立于不败之地的根本保障。

第五节　管子的“结盟”“伯政”思想

一、结盟的称霸思路

管子反对一国独霸，主张奉天子以令诸侯，即通过建立诸侯

① 《孙子兵法·谋攻篇》。
② 《孙子兵法·谋攻篇》。
③ 《孙子兵法·九变篇》。
④ 《孙子兵法·始计篇》。
⑤ 《孙子兵法·始计篇》。

联盟的方式，帮助齐国形成系统的军事体制。

齐国富强后，吞并了许多实力较弱的小国，国土面积和实力不断增加。此时，齐桓公有了称霸的念头，打算攻打宋国和鲁国。对此，管子极力劝阻，直言："独王之国，劳而多祸；独国之君，卑而不威。"① 他指出，独自称霸于天下，必然会招致其他国家的联合反抗，这样一来，反而会造成齐国国力衰微。对此，管子提出了另一种应对方略，通过"奉天子以令诸侯"和"率诸侯而朝天子"，利用周天子天下共主的地位，拉拢周天子使其"昭旧职也"，恢复诸侯国对周天子的义务，从而使齐国的霸权具有合法性。齐国通过依附诸侯组成的联盟，对内调和各诸侯国间的矛盾，对外保持步调一致，"谋其不协"，"弥缝其阙"，以此实现了联盟的团结统一。管子主政的齐国作为联盟的首脑国，不仅将侵占得来的土地主动归还给原来的国家，还积极对盟国进行经济援助等，为其他诸侯国做出了表率。通过对内亲善盟国，对外保护联盟中的弱国以及注重诸侯国间的礼仪等一系列措施，齐国在当时"南夷北狄交伐中国，中国之不绝如线"② 这样强敌环伺的情况下，率领诸侯联盟多次成功地抵抗异族，使华夏民族的主体地位得到了稳固。

齐国的强盛，不仅仅是依靠军事手段，还在于注重制定适宜的军事方略，提倡和平的方式，通过"修礼于诸侯"来约束联盟内的诸侯，以此实现"抑强助弱，禁暴止贪"的目标。在管子主

① 《管子・形势》。
② 《淮南子・要略》。

政时期，齐国通过建立联盟的方式，逐渐巩固了自己的根基，也成就了齐桓公春秋五霸之首的伟绩。

二、“伯政”外交思想

管子的外交思想被称为“伯政”。与“霸政”相比，“伯政”包含了更多的道德因素，如提倡“信”和“义”，主张联盟内部应互相帮助，团结一致抵御外敌入侵，对那些不遵守“国际准则”或道德规范的国家予以制裁甚至军事打击。

伯政思想主张公平、公正地处理诸侯间的事务，强调对正义的维护。齐国虽已称霸，但是在处理联盟内部国家间的矛盾时，仍然非常注重遵循公平公正的原则，以此维护国际正义。齐桓公甚至大义灭亲，杀死自己的妹妹齐哀姜，以平定鲁国内乱。

伯政思想强调霸权国家的责任，认为霸权国家应致力于解决“世界性”的问题。例如春秋时期的齐国，就担负着抵御异族入侵、拯救华夏民族的重任，正是基于这样的政治目标，管子要求齐桓公树立称霸于世的远大抱负。

伯政思想最为核心的一点，就是主张建立国际秩序，通过对国际秩序的维系和巩固，结束战乱不断的纷争状态，实现国家的和平发展。管子主政时期的齐国，尊周并强调礼义教化，其目的就在于重建社会等级秩序，通过“抑强助弱，禁暴止贪”[①] 来规范、引导社会秩序，化解矛盾纷争，促使社会形成安定有序的良

① 《管子·霸言》。

好局面。

第六节 晏子的“外归其义”思想

晏子，即晏婴，齐国著名的政治家、外交家。晏子是齐国的三朝大夫，继父职事齐五十余年，显名于诸侯，对齐国的稳定发展起到了重要的推动作用。

晏子初事齐时，齐国虽然还具有诸侯大国的身份，但已无齐桓公时的霸主地位。桓公之后的齐国君主倒行逆施，穷兵黩武，导致齐国江河日下，民众苦不堪言。面对这样的窘境，齐国该如何在既无法重振霸主之威，又被新兴诸侯强国视为大患的情况下自保其身呢？对此，晏子向齐国君主阐述了实行德政的治国之术，主张“外归其义”，即通过推行“不侵大国之地，不耗小国之民”①，“不劫人以兵甲，不威人以众强”②，“德行教训加于诸侯”③ 的外交对策，为齐国的发展争取一个难得的和平外部环境。在开展外交活动方面，晏子主张根据各诸侯国与齐国关系的亲疏和对齐国威胁的大小，灵活地施行邦交策略，以此达到和平外交的目的。

在对待友好邻邦上，晏子主张以重礼相送，进一步巩固国家关系。《晏子春秋》中记载的两个事例充分体现了晏子的这一主

① 《晏子春秋·内篇问上》。
② 《晏子春秋·内篇问上》。
③ 《晏子春秋·内篇问上》。

张。晏子劝说齐景公善待鲁国，最终齐景公听从了晏子的建议并厚待鲁国，从而使两国关系进一步巩固。对于那些对齐国心存戒备并依附其他强国的邻邦，晏子则主张坐观其变，以此确保齐国国内和平稳定。在对待与齐国积怨颇深且国力弱小的邻邦上，晏子指出，应采取随顺自然、不亲不疏的外交策略。对那些意欲灭齐的大国，晏子则采取了因情而异的应对之策：如对待吴国、楚国，采取求同存异的方针；对待晋国，则采取虚实并用的应对之法。

从“外归其义”的外交思想中可见，晏子倡导的外交政策是十分符合齐国国情的。在经历了内忧外患之后，一个相对和平的外部环境无疑是齐国迫切需要的。从晏子的外交实践中可以看出，其提倡的外结诸侯、尊大结小、反对攻伐等和平外交理念和实践，为齐国的发展赢得了稳定的外部环境，使齐景公执政时期的齐国能够集中精力发展壮大，再度崛起。晏子倡导的这种灵活的外交政策，曾得到鲁昭公的高度赞扬，认为其“使齐外无诸侯之忧，内无国家之患，不伐功焉”①。

第七节　协和万邦思想的现代启示

齐鲁优秀传统文化中所蕴含的协和万邦的外交智慧，对于今天建设中国特色社会主义具有重要的借鉴意义，尤其是作为其思

---

① 《晏子春秋·内篇问下》。

想核心之一的“贵和”思想，值得我们深入思考。

事实上，传统文化中渊源已久的“贵和”思想，正深切地影响着新中国的外交政策和当代政治理论框架的构建。“贵和”思想的核心是和而不同，即追求内在的和谐统一。置于外交层面，“和而不同”指的是各种制度、各种道路、各种文明相互尊重、相互借鉴、相互促进，在交流中取长补短，在求同存异中共同发展。“贵和”思想并不强求完全同一，而是主张正视各方客观存在的差异，强调“和而不同”，以此实现多样性上的统一。新中国在成立之初，就向全世界庄严宣布，中国人民一贯热爱和平，愿意同一切热爱和平的国家进行交往并共同致力于维护世界和平；周恩来总理提出的“和平共处五项原则”，在今天已成为世界公认的国际关系准则；中国政府提出的“和平崛起”战略，也是“贵和”思想在当代国家体系构建中的生动体现。2013 年 3 月，习近平主席在莫斯科国际关系学院发表演讲，他提出的“鞋子合脚论”生动地阐释了新时期中国外交新理念，彰显了“和而不同”的文化理念。中国特色社会主义道路是中国人民选择的一双“鞋子”，到底“合不合脚”，只有中国人民才最有发言权。因此，应尊重世界各国人民所选择的社会制度和发展道路，不能强迫其改变。

放眼当今时代，国际局势风云变幻，世界形势错综复杂，世界各国间既有矛盾纷争，又相互依存，构成了彼此关联的命运共同体。外交作为内政的延续，体现着一国的价值观和道德伦理规范。从总体上看，“贵和”思想所倡导的是一种人文主义价值取向的政治交往模式，这种模式能够有效解决当今复杂的国际事务。恐怖主义、全球变暖、国际贸易壁垒等全球性问题的解决，都有赖于国家、地区间的相互合作、相互配合。“和为贵”“和而不同”的思想主张，体现了我国注重以和平方式解决国际纠纷的一贯思路。在国家利益发生冲突时，要以相互理解、相互包容的心态解决争议，在尊重双方核心利益的前提下，坦诚对话，深入交流，积极寻求和扩展国家间的共同利益，避免使用武力解决问题。

在构建中国特色外交理论的过程中，以习近平总书记为核心的党中央，统筹国内国际两个大局，继承传统的协和万邦思想，不断创新外交理念和实践，展现了负责任的大国形象，并为当代世界新秩序的构建自觉地贡献着中国智慧。习近平总书记强调，中国希望与世界上其他国家一道，坚持走和谐共生的发展之路，构建包容有序、和谐共生的世界秩序。构建包容有序、和谐共生的国际秩序，主要包括三个方面：一是更加注重大国关系上的良性互动，做到以合作促共赢；二是在处理与周边国家的外交关系时，坚持亲诚惠容，强化区域合作；三是在处理与发展中国家的外交关系时，注重义利并举，以义为先。可以说，“贵和”思想是理解当代中国特色外交理论的一个重要切入点。

具体而言，构建中国特色外交理论，就是要继承传统“贵和”思想，在政治上，共同维护公平正义，反对霸权主义、恐怖主义、强权政治等，积极参与全球治理，共同构建人类命运共同体；在经济上，相互支持，合作共赢，在追求个体发展的同时，促进世界经济的繁荣发展；在文化上，坚持平等交流，包容互鉴，尊重各国人民自主选择的社会制度和发展道路；在安全上，树立互信、互利、平等、协作的安全观，共同促进和维护地区和平稳定。

总之，从倡导和平共处五项原则到坚定不移地奉行独立自主的和平外交政策，从构建社会主义和谐社会到构建包容有序、和谐共生的世界秩序，“贵和”思想一以贯之，渗透在外交理论的诸多方面。可以说，“贵和”思想是中华民族发展壮大、追求和谐生活的重要精神支柱，构建以此为基础的中国特色外交理论，既是民族精神和时代发展的必然选择，也是社会主义核心价值体系在国际社会的集中体现。

和平与发展是当今时代的主题，和平安定始终是全人类为之不懈奋斗的重要目标。展望未来，倡导和推动构建包容有序、和谐共生的世界秩序，任重而道远。中国将继续高举和平、发展、合作的旗帜，坚持走和平发展道路，与世界各国一道，为推动构建世界和谐新秩序做出更大的贡献。

参考文献

[1] 朱熹:《四书章句集注》,北京:中华书局,1983 年版。
[2] 孙希旦著,沈啸寰、王星贤点校:《礼记集解》,北京:中华书局,1989 年版。
[3] 游唤民:《先秦民本思想》,湖南:湖南师范大学出版社,1991 年版。
[4] 刘蔚华、苗润田:《稷下学史》,北京:中国广播电视出版社,1992 年版。
[5] 蔡尚思主编:《诸子百家精华》,长沙:湖南教育出版社,1992 版。

[6] 邢兆良:《墨子评传》,南京:南京大学出版社,1993 年版。
[7] 盛广志主编:《中国儒家文化名著》,延吉:延边大学出版社,1995 年版。
[8] 杨善群:《孙子评传》,南京:南京大学出版社,1995 年版。
[9] 白奚:《稷下学研究》,北京:生活·读书·新知三联书店,1998 年版。
[10] 唐凯麟、张怀承:《成人与成圣儒家伦理道德精粹》,长沙:湖南大学出版社,1999 年版。
[11] 马积高:《荀学源流》,贵州:上海古籍出版社,2000 年版。
[12] 陈卫平、郁振华:《孔子与中国文化》,贵州:贵州人民出版社,2000 年版。
[13] 张永义:《墨子与中国文化》,贵阳:贵州人民出版社,2001 年版。

[14] 江泽民:《论“三个代表”》,北京:中央文献出版社,2001 年版。
[15] 宣兆琦:《齐文化发展史》,兰州:兰州大学出版社,2002 年版。
[16] 梁漱溟:《梁漱溟先生讲孔孟》,桂林:广西师范大学出版社,2003 版。
[17] 黎翔凤:《管子校注》,北京:中华书局,2004 年版。
[18] 张岱年:《中国文化概论》,北京:北京师范大学出版社,2004 年版。
[19] 王志民:《齐鲁文化概说》,济南:山东文艺出版社,2004 年版。
[20] 蔡锋:《春秋时期贵族社会生活研究》,北京:中国社会科学出版社,2004 年版。

［21］颜声毅:《当代中国外交》,上海:复旦大学出版社,2004 年版。
［22］杨伯峻:《孟子译注》,北京:中华书局,2005 年版。
［23］杜喜荣:《先秦名家人生智慧》,北京:中国文史出版社,2005 年版。
［24］王京龙:《齐国人本思想研究》,济南:山东人民出版社,2005 年版。
［25］杨阳:《文化秩序与政治秩序:儒教中国的政治文化解读》,北京:中国政法大学出版社,2007 年版。
［26］陈谦:《中国古代政治传播思想研究》,北京:中国社会科学出版社,2009 年版。
［27］赵进军:《和平·和谐·合作:中国外交十年历程》,北京:世界知识出版社,2012 年版。
［28］宋德星主编:《战略与外交》(第二辑),北京:时事出版社,2014 年版。
［29］钱穆:《孔子传》,北京:生活·读书·新知三联书店,2012 年版。
［30］费孝通:《乡土中国》,北京:中华书局,2013 年版。
［31］习近平:《习近平谈治国理政》,北京:外文出版社,2014 年版。
［32］林国标:《中国传统文化之“中”与“和”思想研究》(启示篇),长沙:湖南人民出版社,2015 年版。

后记

随着国家将传统文化资源纳入国家发展战略,中华传统文化迎来了自己真正复兴的时代。齐鲁文化因其在中华文化版图上所占有的特殊地位,在实现中华民族伟大复兴和助推中国现代化进程中理所当然要发挥更大作用。齐鲁文化在实现中华民族复兴和助推现代化进程中有何时代价值?应该发挥怎样的作用?能为探索中国道路贡献怎样的智慧?这些不但是齐鲁文化研究者和弘扬者必须面对的问题,也是整个理论界必须思考的问题。作为传统文化和齐鲁文化的爱好者和研究者,能躬逢盛世,并有幸参与到此次齐鲁文化的研究阐发工作中来,由此见证中华文化复兴的伟大征程，我感到无比自豪。

本书的写作得到教育部人文社科重点研究基地山东师范大学齐鲁文化研究院的大力支持。作为教育部人文社科重点研究基地，齐鲁文化研究院将“齐鲁文化与中华文明传承创新”列为基地“十三五”科研规划的主攻方向，重点面向国家及山东文化建设重大理论现实问题开展研究，以彰显齐鲁文化的时代价值。我承担了其中部分研究工作，这为本书的写作提供了重要支撑。在一定意义上说，这本小书可算是齐鲁文化研究院“十三五”科研规划研究工作的一个阶段性成果。

在本书的写作出版过程中，袭业超、陈曦、王东升、史佳莉、周树钢、张耀、刘嘉欣、孙忠厚为材料搜集和整理做了大量工作，刘鹏对全书文稿做了认真校对，山东人民出版社责任编辑李楠和廖吉广为本书的出版付出了辛劳，在此一并致谢！

由于时间仓促、水平有限，书中难免存在疏漏和错误，敬请各位读者批评指正！

作 者

2017 年 10 月